焦山碑林大门

碑林二院

读碑焦山

李叙彬 著

江苏大学出版社
JIANGSU UNIVERSITY PRESS
镇江

图书在版编目(CIP)数据

读碑焦山/李叙彬著. —镇江：江苏大学出版社，
2015.12(2021.5重印)
ISBN 978-7-5684-0114-2

Ⅰ.①读… Ⅱ.①李… Ⅲ.①碑林—介绍—镇江市
Ⅳ.①K877.42

中国版本图书馆CIP数据核字(2015)第302584号

读碑焦山
Du Bei Jiaoshan

著　　者/李叙彬
责任编辑/常　钰
出版发行/江苏大学出版社
地　　址/江苏省镇江市梦溪园巷30号(邮编：212003)
电　　话/0511-84446464(传真)
网　　址/http://press.ujs.edu.cn
排　　版/镇江文苑制版印刷有限责任公司
印　　刷/镇江文苑制版印刷有限责任公司
开　　本/718 mm×1 000 mm　1/16
印　　张/11.5
字　　数/138千字
版　　次/2015年12月第1版
印　　次/2021年5月第2次印刷
书　　号/ISBN 978-7-5684-0114-2
定　　价/40.00元

有情与无声(代序)

王玉国

2015年元旦,李叙彬先生来我办公室小坐,带来了《读碑焦山》书稿,这是他近几年来研究焦山碑刻的随笔,计四十多篇,约十万多字,涉及焦山碑刻博物馆的主要碑刻。他告诉我,有时一方碑刻就是一个历史事件,一段精彩的故事,一个鲜活的人物,一种文化现象,每一方碑刻都会给人们不同的历史感受和人生启迪。

叙彬兄对碑刻的有情,缘自组织上的一次人事安排。二十世纪九十年代初,在焦山碑刻博物馆筹建工作接近尾声时,组织上曾准备任命李叙彬为该馆的首任馆长,并已与他本人见面谈话,只等任命书下达即可赴任,后因故未能到职。虽然与焦山碑刻博物馆失之交臂,但因此事,叙彬兄与该馆建立了深厚的感情,并对焦山碑刻产生了浓厚的兴趣。此后他经常翻阅史料,深入研究,以求得到更多的知识和乐趣。

叙彬兄是一位老文化人,自走出校门踏进社会起,他一直在文化系统工作,先后担任过镇江市文化局(现文广新局)文化市场管理处、新闻出版处、艺术处处长等职,为我市的文化市场管理、新闻出版管理、艺术创作做出过很大的贡献。他退休之后，爱好藏书，手不释卷，笔耕不辍，撰写发表了一些散文及音乐、美术、戏剧等方面的艺术评论。他创作的几部音乐剧剧本和撰写的长篇戏剧论文获得了国家级奖项，2014 年他还当选为中国戏剧文学学会的理事。

叙彬兄并非文博专业出身，他的本专业是音乐，是小提琴演奏。但他潜心文史研究，解读无声的碑文，这真是一件令人敬佩且功德无量的事。焦山碑刻博物馆建馆二十多年来，能解读这么多碑刻的人确实不多见。今天，我们需要的就是有更多的人对镇江博大精深的历史文化开展深入发掘和研究，以达到古为今用的目的。

《读碑焦山》是一本图文并茂、通俗易懂的佳作，既有对碑刻的全面介绍，也有深入的研究，并有最新的成果。它是青年学生、广大游客、文史爱好者了解焦山碑刻博物馆主要碑刻内涵的重要途径。

叙彬兄约请我为《读碑焦山》作序，我不能胜任，但以下三点理由让我难以推辞：一是我与叙彬兄是共事近三十年的老朋友，他嘱我的事，我一般都要从命；二是他这种有情与无声（有情是指叙彬兄与焦山碑刻博物馆深有感情，无声是指叙彬兄甘于寂寞、潜心解读无声的碑文）的精神让我这位长期从事文博工作的人十分感动；三是他是江苏省收藏家协会镇江分会和镇江市《三国演义》学会的会员，我作为两会的会长为该书的撰写与面世感到很自豪。

是为序。

（作者系中国《三国演义》学会副会长、原镇江市文化局副局长、文博研究员）

我与名山有旧盟(自序)

焦山摩崖上有一方清《赵舒翘赠越尘诗》的石刻,全诗如下:“我与名山有旧盟,高僧相遇恰同庚。逃禅便觉风尘远,住世须将宇宙擎。江寺懒寻铭瘗鹤,海隅愤指浪翻鲸。彼苍未许林泉福,解缆匆匆负此行。”借用“我与名山有旧盟”这句诗,说一说我与焦山碑刻博物馆的一段缘分。

二十世纪九十年代初,市政府决定将焦山的“宝墨轩”扩建为碑刻博物馆,隶属市文化局。经过近一年的紧张筹备和精心修缮,原来陈旧的陈列室焕然一新,庭院环境大为改观。在准备正式开馆前夕,局党委开始物色碑刻博物馆馆长的人选,不知出于什么考虑,局党委将目光对上了我,其时我在局机关工作已近五年,刚过不惑之年。局主要领导找我谈话,希望我能服从局党委的安排,去焦山碑刻博物馆担任首任馆长。服从组织安排是我们这一代人最基本的政治素养,尽管我不会书法,尽管我不懂碑刻。

但事情的发展有许多不确定因素,又不知出于什么考虑,我没有等到文化局的一纸任命,而是留在局机关负责新增设的文化市场和新闻出版的管理工作,我与焦山碑刻博物馆馆长一职失之交臂。

不过，自此我与焦山碑刻博物馆有了一种情感上的联系，作为一个门外汉，我渐渐对碑刻感起兴趣来，凡有上级领导、兄弟城市的同行，以及后来我任艺术处处长期间，省内外知名的剧作家、音乐家、导演等艺术家来镇江，我都要带他们去焦山碑刻博物馆转一转，似懂非懂地讲上几句。直至退休后，我还会带着我的家人，甚至独自一人来到碑刻博物馆看看。研究吗？当然不是，我这点儿水平在专家面前岂不是班门弄斧？静心一想，终于明白自己所想所思，感受那种特有的文化氛围，感受那种历史的沧桑，寻找前人的足迹，感悟人生的成败得失，这才是我心灵深处挥之不去的诉求。

于是我来了，我一次又一次地走进碑刻博物馆，穿越时光的隧道，在亦真亦幻中，我仿佛看见悲戚葬鹤的陶弘景，仿佛看见颔首不语的江淹，仿佛看见峨冠博袍的魏法师，仿佛看见孤独远行的李德裕，仿佛看见凛然正气的颜真卿，仿佛看见傲骨凌霜的苏东坡，仿佛看见成竹在胸的文同，仿佛看见拜石为兄的米芾，仿佛看见踏雪观碑的陆游，仿佛看见双目远眺的赵孟頫，仿佛看见心忧苍生的杨继盛，仿佛看见学识博雅的杨一清，仿佛看见才华横溢的文徵明，仿佛看见君临天下的乾隆帝，仿佛看见华贵雍和的成亲王，仿佛看见淡出仕途的王文治，仿佛看见励精图治的陶澍，仿佛看见三辞官爵的彭玉麟，仿佛看见躁动不安的阮大铖，仿佛看见目光游离的郑孝胥，仿佛看见解甲归田的吴佩孚，仿佛看见神情忧郁的戴传贤，仿佛看见奔走呼号的大律师吴迈……

望着他们渐行渐远的背影，我努力寻觅他们遗留的历史碎片和依稀可辨的足迹，我豁然明白，读懂他们就能读懂历史，读懂历史方能感知未来。

目录

001　有情与无声（代序）

003　我与名山有旧盟（自序）

001　说不尽的《瘗鹤铭》
006　一个被皇权借用的宗教
010　我意在此不在彼
014　华丽雍容　劲雅挺秀
017　功名皆一戏　未觉负平生
021　大笑前人身后名
025　《兰亭序》的两个版本
029　高山仰止
033　历史的背影

037 苏东坡的画像
041 浪迹宦游　品味人生
046 文人的风节
049 江郎才尽为哪般
053 东临碣石有遗篇
057 最短的散文
060 三南居士
064 江南才子的最后一笔
067 才华横溢与百世骂名
070 却归来　念弥陀
074 一位超度自己的人
078 见性成佛
081 唯余笔砚情犹在

085　有小技而无大节
088　双面人生
092　人书俱老
095　宗教争分背后的政治较量
098　鹤鸣九皋
101　字如其人
105　自成一家始逼真
108　天圆地方
111　浓缩的人生
114　勿忘国耻
118　赤子之心
122　呐喊
126　启蒙教材　书法范本

132 明代言官的话语权
136 得天下英才而教育之
140 忽忆焦山擅名胜
144 共渡慈航
147 救人于濒危之中
151 托物言志　借石明心
155 如是我闻　降伏其心
159 一腔心事托梅花
162 淡出仕途的翰林
166 无处不在的大慈大悲

169 后记

说不尽的《瘗鹤铭》

shuo bu jin de yi he ming

焦山碑林的所有石刻中，《瘗鹤铭》称得上第一名碑，闻名遐迩，世人皆知，为中外历代文人所赞叹，享有“大字之祖”“书家冠冕”的盛誉。

《瘗鹤铭》是南朝时期一篇哀悼家鹤的书法作品，铭文内容并不足道，但其书法绝妙，诚然可贵。大约在南朝梁天监十三年(514年)，有人将其镌刻在焦山后山的岩石上，供人观赏。

到了唐代后期，历尽风雨侵蚀的《瘗鹤铭》终因雷击石崩而坠入江中。北宋熙宁年间(1068—1078年)至南宋淳熙年间(1174—1190年)的百年间，《瘗鹤铭》的残石不时露出水面，文人墨客纷纷前来观赏、摹拓，这就是所谓的“水拓本”。南宋大诗人陆游就是在这个时期与友人去焦山踏雪寻访《瘗鹤铭》，并留下题名真迹。

又过了若干年，有人将《瘗鹤铭》的残碑从江中捞起，仍竖立在原处。不意到了明洪武年间(1368—1399年)，其碑再次坠入江中，直至清康熙五十二年(1713年)由镇江知府陈鹏年募工再度从江中捞出，黏合为一，移置焦山观音庵，并书《重立瘗鹤铭碑记》。

1961年重建宝墨轩时将其移入碑林后院，黏合嵌于壁间，外建歇山顶半亭保护。

2003年，焦山碑林扩建，政府拨款专门建一殿宇，专题陈列《瘗鹤铭》的残石和相关的图片资料。

瘗鹤铭厅外景

瘗鹤铭厅内景

《瘗鹤铭》全文原有178字，现只剩93字，内中不全者11字。全文如下：

鹤寿不知其纪也，壬辰岁得于华亭，甲午岁化于朱方。天其未遂，吾翔寥廓耶？奚夺余仙鹤之遽也。乃裹以玄黄之巾，藏乎兹山之下，仙家无隐晦之志，我等故立石旌事篆铭不朽词曰：相此胎禽，浮丘之真，山阴降迹，华表留声。西竹法理，幸丹岁辰。真唯仿佛，事亦微冥。鸣语解化，仙鹤去莩，左取曹国，右割荆门，后荡洪流，前固重局，余欲无言，尔也何明？宜直示之，惟将进宁，爰集真侣，瘗尔作铭。宜直示之，惟将进宁。丹阳仙尉，江阴真宰立石。

《瘗鹤铭》署名"华阳真逸撰，上皇山樵正书"。此铭究竟是何人所书，历来就有争议。

宋代黄长睿考证它为梁代陶弘景所书，其理由是陶弘景隶书、行书均佳，而其时他已解官归隐道教圣地——镇江茅山华阳洞，故认为此《瘗鹤铭》应属于他的墨迹。附和此说者为最多。

还有一说，《瘗鹤铭》是东晋大书法家王羲之所书，因为他生平极爱养鹅，通过观察鹅的优雅体态来体会书法的运笔。以此推理，王羲之观赏鹤的优美舞姿来丰富他的书法似乎也在情理之中。再加之乾隆皇帝当年登焦山观《瘗鹤铭》时，说了一句"非晋人不能"，皇帝爷的话可是"金口玉言"，于是《瘗鹤铭》是王羲之的作品就似乎成了定论。

当然，还有人认为《瘗鹤铭》是唐代王瓒、顾况的作品，但均无确凿证据，仅凭个人感觉推论而已。

《瘗鹤铭》的书法代表了南朝楷书的风格，历来对其评价甚高，是探讨南朝书法的一件重要作品。其拓本及字帖久传国际，名震海内外，是研究书法艺术之代表。它既是成熟的楷书，又可从中领会楷书发展过程中之

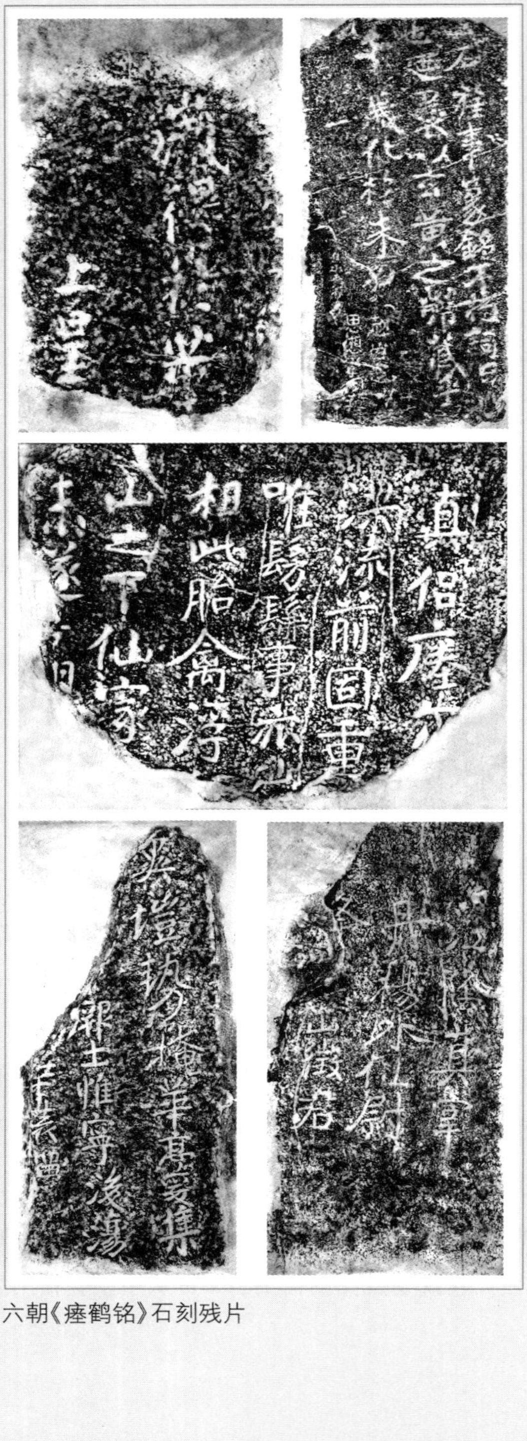

六朝《瘗鹤铭》石刻残片

篆、隶笔势的遗踪，是中国书法发展史的重要实物资料。对它的时代、作者、思想艺术性等方面的研究、探讨一直没有停止过。同样，对《瘗鹤铭》残石的打捞也成为萦绕在学术界的一种挥之不去的情结。

1997 年，镇江博物馆和焦山碑刻博物馆联合对《瘗鹤铭》残石进行了为期 3 个月的考古、打捞，发现了疑似"欠"和"無"二字的残石，但因残缺不全而无法定论。

2008 年 6 月，镇江市举办了"探秘《瘗鹤铭》大型文化行动"，残石打捞考古再次启动，此次打捞工程主要由镇江水利局水投公司、省交通工程公司实施。焦山碑刻博物馆、镇江博物馆联合考古队全程介入，对打捞出水的千余块石头进行一一筛选，有三块残石上面有疑似"鹤""化""之遽"等残字，初步考证与《瘗鹤铭》刻石有关。

2010 年 5 月，交通运输部上海救捞局派出"勇士号"大型浮吊船前来焦山水域，在对疑似刻有《瘗鹤铭》的巨石进行部分爆破减负后，将四块巨石打捞出水，搁置于焦山的西麓。我专程去看过，但终究不得要领。

谁是《瘗鹤铭》的真正书者，何时才能将《瘗鹤铭》的残石找全，这可能是文化人永远探索、追寻的目标，这个目标可能永远无法达到，也正因如此，文化人对《瘗鹤铭》的研究、探索将是永远的。

一个被皇权借用的宗教

yi ge bei huang quan jie yong de zong jiao

走进焦山碑刻博物馆第一展室，就能看到由一只巨型石龟驮着的石碑，这就是《大唐润州仁静观魏法师碑》。此碑立于唐仪凤二年，即公元677年，距今已有一千多年，是江苏境内为数不多的初唐碑刻。

从该碑的内容来看，魏法师是一位活跃于社会上层的人物，与皇室有着较为密切的关系，碑文中有"贞观九载被召入京，太宗嘉而悦之，于内道场供养"的描述，可谓亦道亦政，恩宠有加；从形制上看，虽说他是一位道教人物，然而却享受高级官员的葬制。因此，这块碑刻为我们研究初唐的政治、文化、宗教，提供了珍贵的资料。

我们知道，从巩固皇权出发，初唐的宗教政策是"扬道抑佛"。道教尊老子李耳为教主，因为唐朝的皇帝姓李，所以从李渊起皇帝就以教主的后裔自居，以此遮掩唐宗室原为北魏拓跋氏之后的事实，力图抬高唐王朝的社会地位。于是李氏王朝积极扶植道教，借助神权来巩固皇权。高祖武德八年（625年）下诏，规定三教的次序为道先儒次释最后。太宗贞观十一年（637年）为使"尊祖之风，贻诸万叶"，再次下诏规定，道士、女冠在僧、尼之上。史书记载，唐玄宗派人四处搜寻道经，编纂《道藏》3744卷。当时两京和各州府都建有玄元皇帝庙，道观也很多，仅长安就有30所。据统计，到中和四年（884年），全国共有1900余所道宫，道士达1.5万余人。

魏法师碑拓本

大唐润州仁静观魏法师碑

唐高祖和唐太宗虽然对道教的地位有所推崇，但其实他们本人并不真地信奉道教，除去他们都相信巫术，希望自己长生不老外，此举只不过是借用道教来为唐王朝做幌子。这种政治上的关系，大致可以比作“借用”与“顺应”来解释：“借用”是指统治者一方的王朝，借用道教的渲染力为口号，借用宗教的自然力量使人民顺从；至于“顺应”的一方，可依朝廷的力量扩大道教的影响。皇权对道教的利用和控制，有着稳定李唐王朝的统治作用，构成了道教与皇权之间的政治关系；而道教在李唐王朝的掌控之下，形成了唐代道教发展的高潮。

当然，这仅是事情的一个方面，并非全部。从历史上看，唐朝前期的宗教政策还是比较宽容的，佛教也在这一时期得到了较大发展。

唐朝初年，高僧玄奘远赴天竺（现在的印度）取经 657 部，唐朝特此兴建了大雁塔来保存这些佛经。佛教经典的大量翻译及中国僧人自身思想体系的逐渐成熟使得中国佛教在此时期迎来了空前的发展，中国佛教的各主要宗派大多在此时期形成。

如此看来，李唐王朝在宗教问题上有许多高明之处：一方面奉道教祖师老子（李耳）是唐宗室的祖先，争取社会的广泛认可，借用道教达到了巩固皇权和掌控道教的双重目的；另一方面，又允许佛教在中原地区传播和发展。

朝廷还让佛、道两教展开论辩，历史上有记载的就有好多次。论辩的最大好处就是本土的道教在理论建构中吸收了儒、佛，使道家从低层次的粗俗的宗教形态发展为高层次、有教养的系统理论形态；而原属外来宗教的佛教也因此更中国化、世俗化。双方都在论辩中有所修正、有所发展，反过来又使皇权既提升了道教的层次，又掌控了道、佛两教，皇权更加巩固。

在中国这片土地上，任何一种宗教都不可能威胁到皇权，这是不争的事实。

历史有许多令人玩味和叹息的地方。纵观整个李唐王朝，它借用道教达到了巩固统治的目的，但他们好长生之术，耽溺于金丹方术之中，有 3 个皇帝就死在这上面。以崇道巩固了李氏王朝，以崇道让自己百病缠身，唐王朝衰败的迹象已见端倪，这个王朝的没落已不可逆转。

林语堂先生对儒、释、道三教有一个比较形象的说法：儒家是粮店，须臾不可废离；佛家是百货商店，有空可以去逛逛，至于买什么悉听尊便；道家是药店，有病再去开药。是啊，没病谁会去药店？

我意在此不在彼

w o y i z a i c i b u z a i b i

焦山碑刻博物馆内的中心位置，有一座御碑亭，那是乾隆皇帝第五次游焦山留下的诗文。全文用苏东坡诗文旧韵，描绘了他亲临镇江金山、焦山的不同感受及金、焦二山各自的特色。

全文如下：

舆情望幸酬深耽，用是五举巡江南。
金焦两点矗波翠，何异前三与后三。
路便聊以驻信宿，要因省方观田蚕。
悬华结彩称祝颂，何德被民增怍惭。
昨日浮玉憩山馆，今朝顺流漾江潭。
西以屋胜东树胜，敷叶吐蕊春未酣。
未酣之意胜酣矣，即斯三胜谁能谈。
侵寻焦亦有建置，庄严定慧辉珠龛。
那更峰顶事点缀，譬之食蔗穷其甘。
东坡艰韵忽五叠，虽曰逸兴宁非贪。
黄头桂楫候已久，清赏既适归亦堪。
佳处无须重系恋，倩闲云为封岩庵。

全碑高3.42米，宽3.14米，厚0.60米。整个碑座四周刻九龙云水深浮雕，刻工十分精湛、完美。如此之大且刻工完美的御碑，在江南地区是不多见的。

乾隆的御碑保存得非常完好，无论是碑文本身还是石碑两侧的云龙纹饰都没有一点儿破损，在“破四旧”“砸烂封资修”的年代里居然能做到毫发无损实属不易。

御碑亭

“十年动乱”期间，现在的焦山碑刻博物馆的西半部是一个饭店（那时叫食堂），饭店的规模不大，近20张八仙桌散放在几间小屋里。前厅通向厨房是一扇小门，那里是一个小院落，乾隆的御碑就在这毫不起眼的小院落里，顺沿着石碑砌成一道墙，形成一座半亭，将现在的碑刻博物馆分割成两部分。石碑上用石灰粉平，又用红漆工工整整写上“最高指示”，以显示其革命性，而下方则堆放了一些菜筐、铁锅之类的物品，这样一来，“破四旧”中也不会将其砸碎推倒在地了。这种看似无意实则有意的保护，显露了平民百姓的聪明和智慧。

清乾隆帝弘历能诗，会画，尤精书法，在位期间每到一处都要留下诗文墨迹。据说，乾隆皇帝六下江南竟有八次登临焦山，三次在焦山留下诗作，除碑刻博物馆内的这一处外，还有天王殿前的一座御碑亭和摩崖石刻中的一块石碑。

在乾隆的诗文中，他将金山、焦山两处风景加以比较，认为就山水本色来说，焦山更胜金山一筹。其文曰：

> 金山似谢安，丝管春风醉华屋；焦山似羲之，偃卧东床坦其腹；此难为弟彼难兄，元方季方各腾声；若以本色论山水，我意在此不在彼。

乾隆善楷书、行书和行草书，存世墨迹仅故宫博物院就藏有2000多幅，而他在古代书画和当时的名家绘画中题跋题诗不下万首，为历代帝王之冠。

综观他的书法，其楷书规正端丽，圆润丰满；行书飘逸劲健，豪放流润。但同时我们也看到，乾隆之书实有不足之处，千字一律，缺少变化，这乃是乾隆书法的最大弱点。近代史学家、书法家、书法评论家马宗霍在《霎岳楼笔谈》中指出：“惟千字一律，略无变化，虽饶承平之象，终少威武之风。”不过“字画以人贵”，乾隆的书法作品在艺术市场的成交价格还是屡创新高。

史料记载，乾隆一生写了四万多首诗作，可谓蔚为大观。但时光可以过滤一切没有价值的东西，这位皇帝爷的诗文愣是没有一本诗集收录，没有一首能流传下来，尽管许多诗文都镌刻在石碑上。

工作期间我少不了要陪上级领导和兄弟城市的朋友来焦山游览，总要在这御碑亭前留影。其实，现在已没有人在意这位皇帝爷在诗文里说了什么，在意的是这无言的石碑见证了历史的风雨沧桑。

哦，“我意在此不在彼”啊。

华丽雍容　劲雅挺秀

huali yongrong jinya tingxiu

在“十年动乱”期间，焦山的“宝墨轩”（现在碑刻博物馆的一部分）处于无人管理的状态，残垣断壁，杂草丛生，鲜有人至。我的一位邻居大哥去焦山游玩时发现这里有许多碑刻，于是用白纸和铅笔拓来一些书法作品。这些拓片虽然质量不高，但也足以让我们震惊。啊，这字真漂亮！那时我没有读过多少书，文化水平实在有限，当然也不会书法，只是凭直觉感到这字太漂亮了，可以当字帖用。后来才知道，这是清代成亲王书写的《归去来辞》。

在清代，从皇帝、王公到一般满族文士，有一大批人寄情于书法、绘画。在浓烈的文化氛围中，成亲王永瑆脱颖而出，成了本朝著名的书法大家。

成亲王爱新觉罗·永瑆（1752—1823 年）是乾隆的第十一个儿子，嘉庆皇帝的哥哥，在嘉庆年间担任军机处行走。他自幼习书，开始学赵孟頫的书法，后来也学习欧阳询的书法，并广泛地临摹晋、唐、宋、明各家书法，因而形成了端正清丽、劲俏流畅的风格。他的书法风格更多地承袭了赵孟頫书法的特征，显得十分圆润、端美，具有朝廷馆阁体的特点，但同时又具有欧阳询书法转折方劲的特征，这一点有别于馆阁体一味追求端正俊美的风格。

乾隆五十四年（1789 年）永瑆被封为成亲王。乾隆六十年（1795 年）任满洲某旗都统。时隔四年，乾隆驾崩，嘉庆帝继位，命永瑆在军机处行走，总理

成亲王书《归去来辞》碑刻局部

成亲王书《归去来辞》碑刻局部

户部，掌管吏部。后来成亲王因某些事受到猜疑，嘉庆帝以亲王不得掌权过多为由，解除了成亲王的部分职务。对此成亲王颇为不快，为了排遣心中郁闷，他将所有精力投入到深研书法与诗词之中。正因如此，成亲王登上了书法大家的行列，与刘镛、翁方纲、铁保齐名，并称“清代四大书法家”。他的书法上追王羲之、王献之，下掩褚遂良、虞世南，一时馆阁诸贤竞相模仿，成为时尚。

成亲王不仅书法出众，诗、文也有很高的成就，有《诒晋斋集》《诒晋斋随笔》《诒晋斋续集》等著作行世，同时善作梅、兰、竹、菊等，亦间作山水。有史书记载说：“学问之渊雅、风度之高迈，置士大夫中亦当居第一流。”虽有溢美之词，拔高之语，但并非全为虚言。

事物的发展往往是两方面的，开阔的视野既成就了他，同时也束缚了他。在众多名帖面前，他亦步亦趋，不能意从己出，不时流露出拘谨和凝滞，这是他的悲剧，也是后人经常诟病的。很显然他的书法水平不及当时的刘墉和铁保，还有王文治。作为当时书坛的领军人物，他的水平和成就本身也标志着帖学的没落。

道光三年（1823 年），成亲王去世，享年 72 岁。据说，在他的旧邸中留下许多由他临摹的作品，因极似原帖，他的孙子想出了一个“裁去款识”冒充书法真迹去卖钱的主意，结果琉璃厂的古玩商不认可。这个不成器的孙子一怒之下，一把火全烧了，实在可惜。

成亲王一生身为皇室贵胄，位高权重，生活上衣食无忧，大可不必像普通的书家一样为柴米油盐和应酬奔忙，府中所存的作品应该都是些生前珍视的精品。自家珍藏的旧迹居然遭此厄运，真叫人叹惋不已。

焦山碑刻博物馆内有三件米芾的作品，一是他临摹的《兰亭序》，二是由他书写的“城市山林”横额，三是他观看《瘗鹤铭》后在摩崖石刻上留下的题名石刻“仲宣、法芝、米芾元祐辛未孟夏观山樵书”（仲宣、法芝分别是北宋时甘露寺和金山寺的和尚）。

米芾（1051—1107 年）自幼爱好诗书，从小受到良好的教育，加上天资聪慧，六岁时能背诗百首；八岁练书法，苦学颜、柳、欧、褚等唐楷；十岁摹写碑刻，少时就打下了厚实的基本功。

从十八岁走上仕途至 1107 年卒，米芾一生官阶不高，诸如杭州从事、书画学博士、礼部员外郎等皆为一些闲差，而非实职，这与他不善官场逢迎，又为人清高孤傲有很大关系。也可能正因如此，米芾没有卷入朝廷的政治漩涡。

生活较为安定的米芾，赢得了更多的时间和精力来钻研书画艺术，他对书画艺术的追求到了如痴如醉的境地。当上书画博士后，更是心无旁骛，饱览内府藏书，熟谙千载故事，古人得失，如数家珍。米芾嗜石喜砚，曾拜石为兄，曾向宋徽宗索要宝砚。在别人眼里不入凡俗的个性，也许正是他成功的基石，使他成为一个具有真才实学的人。

米芾以书法名世，他的成就完全来自后天的苦练。史料记载，米芾每天临池不辍，“一日不书，便觉

“城市山林”横额

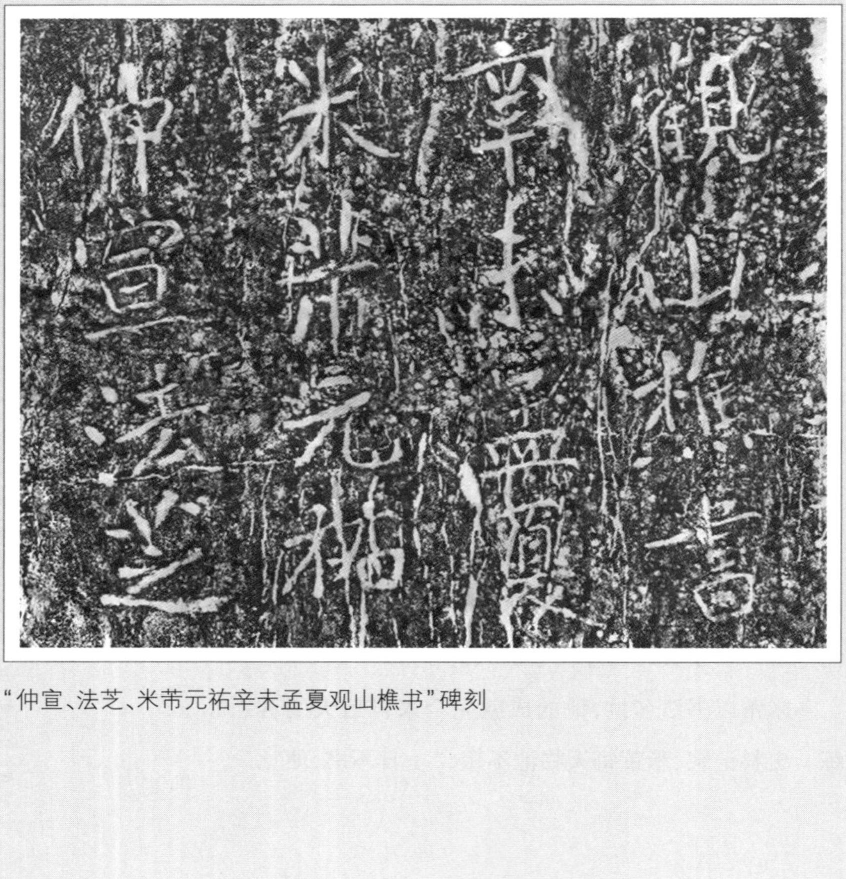

“仲宣、法芝、米芾元祐辛未孟夏观山樵书”碑刻

思涩，想古人未尝半刻废书也”，甚至在大年初一米芾也不忘写字。

中年后的米芾长期定居镇江，镇江山水的烟雨明晦，幽壑空蒙，给他带来创作灵感。他另辟蹊径，创立了米点山水，丰富了中国山水画的语言方式，在山水画史上占有一席之地。米芾提出的“寄兴游心”和“墨戏”的绘画美学思想，崇尚天真平淡的画风，对宋代以后文人画的发展产生了深远的影响。

米芾能诗文，擅书画，精鉴别，书画自成一家，集书画家、鉴定家、收藏家于一身。他是“宋四书家”之一，列苏东坡和黄庭坚之后，蔡襄之前。就书法一门艺术而言，米芾的传统功力最为深厚，尤其是行书。其书体潇洒奔放，又严于法度。《宋史·文苑传》说：“芾特妙于翰墨，沈著飞，得王献之笔意。”苏东坡说：“米书超逸入神。”米芾的书法影响深远，尤在明末，学者甚众，这种影响一直延续到如今。

米芾是苏轼的座上客，苏轼长米芾十五岁，米芾拜苏轼为师。苏轼被贬黄州时，他去拜访求教。北宋靖国元年（1101 年），苏轼离开海南应召北上，途经京口，与客游金山。有人请苏轼题名，苏轼云：“有元章（米芾）在。”米芾云：“某尝北面端明，某不敢。”苏轼抚其背云：“今则青出于蓝矣。”

米芾与我们镇江有很大的缘分。他晚年定居镇江，喜镇江的真山真水，在北固山脚下建海岳庵，并为北固山的多景楼题写“第一江山第一楼”的匾额。在南山建有山林堂，故名其诗文集为《山林集》，有一百卷，现大多散佚。

米芾祖籍山西太原，后徙居湖北襄阳，再后来落户镇江。他并不是我们镇江人，但他在镇江生活达四十年之久，镇江人视他为骄傲，为他在南山建了衣冠冢。

为纪念这位与镇江有着历史渊源的艺术巨匠，镇江在十里长山新建了中国米芾书法公园。公园占地 40.5 公顷，园区规划总建筑面积 1 万平方米。书法公园根据场地的自然特征和景观特色，分为四大功能区域：书法体验区、书法展示区、书法教研区和文化休闲区。

历史不但给我们留下许多珍贵的书法作品，也给我们留下一个疯疯癫癫的米芾形象。明末的陈洪绶、清末的任伯年、当代的李可染都有以米芾拜石为题材的作品。其实，米芾并非真疯，在看似怪诞的行为背后，掩藏的却是一颗脆弱的心，这是他立足混沌官场一种自我保护的处世方式，是一种真正的大智若愚。

他曾自吟诗一首："柴几延毛子，明窗馆墨卿。功名皆一戏，未觉负平生。"他就是这样一个把书画艺术看得高于一切的恃才傲物的人，大有李白"安能摧眉折腰事权贵，使我不得开心颜"的情怀。

大笑前人身后名

daxiaoqianrenshenhouming

“长歌达者杯中物，大笑前人身后名。”这是明代书画家米万钟的一幅七言联句，现藏于北京故宫博物院。

米万钟（1570 — 1628 年），字仲诏、子愿，号友石，陕西安化（今甘肃省庆阳市庆城县）人，徙居北京，官太仆寺少卿，江西按察使等职。和他的先祖米芾一样，米万钟有好石之癖，擅山水、花竹，书法行、草俱佳，既有南宫篆法，也有章草遗迹，与董其昌齐名，有“南董北米”之说。

米万钟少年时代受到良好教育，对中国传统文化中的儒、道、释研究尤深，颇有学问。米万钟于万历二十三年（1595 年）参加科举，考中进士，先后任永宁、铜梁、六合县令，不久升任江西按察使，转任山东参政。米万钟为政清廉，关心民众疾苦，注重文化教育，所到之处，颇受称颂。

明朝后期，朝政混乱，大宦官魏忠贤把持朝政，网罗党羽，阉党爪牙遍布朝廷内外，把持要害部门。许多官员趋炎附势，米万钟却刚正不阿，与阉党格格不入。天启五年（1625 年），米万钟因屡次发表不满阉党专权的言论，遭到魏忠贤爪牙倪文焕的弹劾诬陷，被削职夺藉，直到崇祯元年（1628 年），魏忠贤集团溃灭，倪文焕被处死，他才得到复职起用，担任太仆少卿。但当时的朝廷，政治已陷入极端腐朽黑暗的境地，内忧外患。米万钟忧国忧民，积劳成疾，不

米万钟《游焦山诗四首》碑刻

久去世，终年59岁。

米万钟爱石成癖，时称“友石先生”。他一生走了很多地方，跋山涉水，不怕艰险，收藏了大量奇形怪石。对每一块石头都细心观察，认真研究，画貌题赞，整理成《绢本画石长卷》，现收藏在北京大学图书馆。米万钟醉心于收藏石头，痴迷劲儿不在人称“米癫”的先祖米芾之下。

米万钟有一次访石来到大房山，发现一块长8米、宽2米、高4米的巨石。此石经自然风化，通体千孔百穴，嶙峋瘦透，堪称奇石。米万钟细观此石，“昂首而俯，足跛而敛，濯之色而青，叩之声而悦”，越看越喜欢，痴劲大发，欲将此石搬到北京府内收藏。于是不惜花费银两，雇了数百人，再加上44匹骡马，拉了7天，方将此石拉下山来。正当米万钟准备一鼓作气，将此石运回他的勺园时，却不幸遭魏忠贤诬告而罢官，巨石遂被弃在路旁。当地乡民认为此石不吉利，称其为“败家石”，从此无人问津。

米万钟要石不要官，与其先祖米芾相比，他的“气魄”可谓大矣。米芾看到奇石、怪石，只不过打躬作揖，拜石为兄；米万钟则不然，干脆自花银两，雇上百人，加上几十头骡马，往自家的花园拉，米芾地下有知一定感叹不已。

“米公弄石如弄丸，十年改邑不改官。”这是友人对米万钟的赠诗，说他玩石而官运不达，十年间虽然在各地调来调去，官职却始终不过是个七品知县。但对米万钟这样有“石癖”的人来说，能与心爱的石头长相为伴正是无上乐事，官位不过是“倘来之物”，“十年不迁”又算得了什么？

米万钟毕生勤奋好学，学识渊博，擅长书画，运笔流畅，气势浩瀚，风雅绝伦。由于晚明的政治腐败，社会动荡，加之受王阳明心学、禅学的影响，乃至西学的冲击，造就了这一时期士人的价值取向呈多元化，形成了个性解放思潮，艺术风格也随之变得多元。在这一历史背景下，米万钟的个性得到了最大程度的张扬，他的大字行书，运笔迅疾，沉着爽利。《书史会要》说米万钟“擅名四十年，书迹遍天下”。米万钟作为“晚明四大家”之一，影响书坛数十年。

焦山碑林的《米万钟游焦山诗四首》碑刻，让我们一睹其书法的神韵风采，该诗作的绫本立轴，现藏于上海博物馆。

焦山碑林有几方《兰亭序》的碑刻，论影响和名气可能要数米芾临摹的《兰亭序》为第一了。米芾的临古功夫在书法史上一直为人称道，此帖可谓形神兼备，深得王字神髓，如行云流水，一气呵成，帖后还有明代大书法家文徵明题跋。此外，还有明代程孟阳临摹的《兰亭序》，清代俞森临摹的《兰亭序》。

法帖相传之本，共 28 行，章法、结构、笔法都很完美。但如若仔细品读，就会发现现行的《兰亭序》有两个版本，一种版本是 324 个字，一种版本是 325 个字。324 个字的版本是："快然自足，不知老之将至。"325 个字的版本是："快然自足，曾不知老之将至。"就相差一个"曾"字。

在《三希堂法帖》中，唐代褚遂良临的《兰亭序》是 324 个字，唐代冯承素临的《兰亭序》也是 324 个字，而到了元代，赵孟頫临的《兰亭序》是 325 个字，也就是在"不知老之将至"的右上方添了一个"僧"字。请注意是一个"僧"字，而不是"曾"字。

在当代的出版物中，1983 年江苏教育出版社出版的《中国古代文学作品选》中的《兰亭序》是 324 个字，即是"快然自足，不知老之将至"。而 1986 年江苏文艺出版社出版的《古文鉴赏辞典》中的《兰亭序》则是 325 个字，即是"快然自足，曾不知老之将至"。中华书局 1959 年出版的《古文观止》、吉林人民出版社出版的《古文观止译注》、海南出版社出版

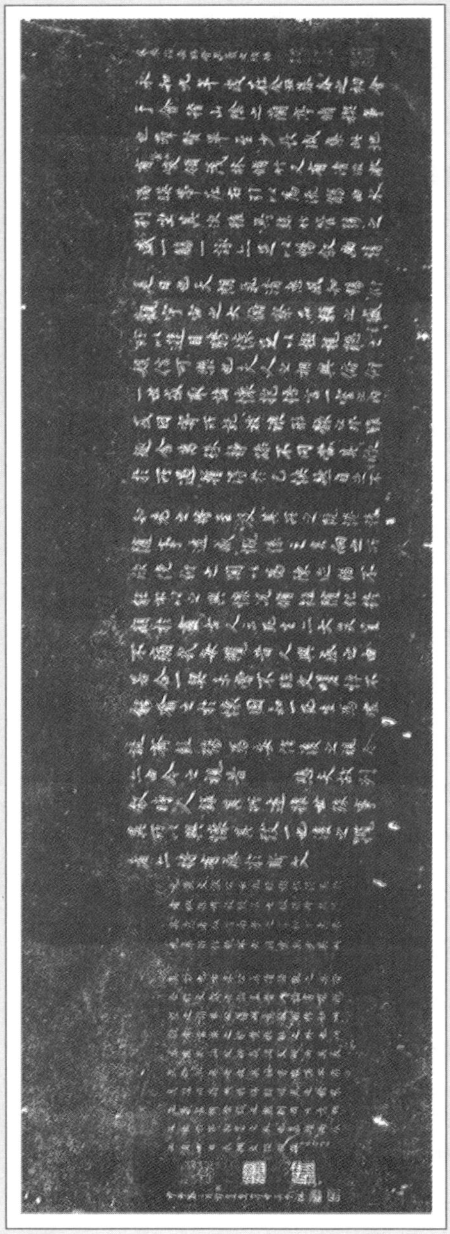

米芾临摹的《兰亭序》碑刻

的《美文观止》中的《兰亭序》均是325个字。

哪一个版本是正确的,哪一个版本是错的,我们无法知道,也无法考证。从整篇文章看,两个版本都念得通。

《兰亭序》是王羲之51岁时的得意之笔,被历代书界奉为极品。宋代书法大家米芾称其为“中国行书第一帖”,王羲之因此被后世尊为“书圣”。史料记载,东晋穆帝永和九年(353年)三月三日,王羲之与谢安、孙绰等达官显贵、文人墨客雅集兰亭“修禊”。崇山峻岭之下,茂林修竹之边,各人作诗,辑为《兰亭集》,王羲之带着酒意,挥毫泼墨,为众人诗赋草成序文,描述了修禊事宜的壮观景象,抒发了他对人之生死、修短随化的感叹。文章清新优美,书法遒健飘逸;序中记叙兰亭周围山水之美和聚会的欢乐之情,抒发作者好景不长、生死无常的感慨。

《兰亭序》具有很强的艺术特色,其突出之处就是章法自然,气韵生动。通观全文,从容不迫,得心应手,使艺术风格同文字内容有机结合起来,充分表现了王羲之与朋友聚会时快然自足之情怀。

就布局来说,《兰亭序》采取“纵有行,横无列”式,每一字,皆大小参差,不求划一,长短相配,错落有致,点画亦皆映带而生,气脉顺畅;其结构变化微妙,如楷书者却不呆板,似草书者亦不狂怪,千姿百态,婀娜多姿。用笔精到,提按分明,收起得当,可谓“得其自然而兼其众美”。

传说《兰亭序》在王羲之死后的二百七十年间一直在民间珍藏,到了唐代,这稀世珍宝藏于王羲之后人智永的徒弟辩才处,唐太宗闻知,三次召见,辩才均称战乱散失不知所在。唐太宗无奈,遂命萧翼接近辩才,赚得信任,以王之杂帖诱辩才出示《兰亭序》并借机偷回,辩才因此含恨而亡。大概唐太宗是太喜爱王羲之的《兰亭序》了,临终前对儿子李治说:“吾欲从汝求一物,汝诚孝也,岂能违吾心也?汝意如何?”于是,王羲之的《兰亭序》

真迹便随唐太宗的灵柩一起葬入昭陵。

究竟是“快然自足，不知老之将至”，还是“快然自足，曾不知老之将至”，只有打开唐昭陵，找到王羲之《兰亭序》的真迹，才能有答案。

国家有规定，皇帝的陵寝是不能随便发掘的，因为在条件不完全具备的情况下盲目发掘可能会给墓葬文物带来更大的破坏。看来这个悬案一时还解决不了。更何况即便打开唐昭陵也未见得能找到，谁能肯定王羲之《兰亭序》的真迹就真的陪葬在唐昭陵呢？

工作期间，每次陪上级部门的领导和各地的同行或朋友游览焦山，都要去焦山碑刻博物馆参观，并在“仰止轩”处停留，介绍一下明代著名忠臣杨继盛的几方碑。这是杨继盛遭贬之后，于嘉靖三十一年(1552 年)再度被起用时，路过镇江与友人游焦山时所作的一首七言诗。全诗如下：

杨子怀人度洋子，椒山无意合焦山。

地灵人杰天然巧，瞬息神游万古间。

全诗表现了诗人再度出山后，重整旗鼓，心怀天下的豪迈之情，同时又弥漫着一缕穿透历史的空灵之气。

关于这首诗，中华书局出版的《道咸宦海见闻录》有这样一段记载：“道光二十三年(1843 年)七月，包瀓浦、厉茶心约游焦山，住松寥阁。涛声在枕，帆樯如画，饱啖江鲜，纵观山色，遍游水晶庵、自然庵、登四面观音亭，是焦山极高处。又阅椒山先生手迹长卷，山僧属于卷尾留题。”此处的“椒山”即杨继盛。这本书是清代道光、咸丰年间的张集馨所撰，当然，现在这个书名是编撰者后起的，于 1981 年出版。

从上述这段文字中我们可以看到，在 1843 年，杨继盛的手迹长卷作为“镇山之宝”还留在焦山的寺庙内。可惜，我们现在却看不到这留有许多名人题跋的书法长卷。是留存于某博物馆，还是毁于战火，我不得而知。

《游焦山七言诗》碑刻

杨继盛，字仲芳，号椒山，直隶荣城（今河北容城县）人，明嘉靖二十六年（1547 年）进士，官至武选郎。因上疏论严嵩专权误国十大罪状，触到了昏庸的世宗皇帝的痛处，明世宗大怒，认为继盛之所为，是因“谪官怀怨，摭拾浮言，恣肆渎奏”，严嵩更是恨得咬牙切齿，诬蔑他谋国是假，谋反是真。杨继盛被关进大牢，很快遭到了灭顶之灾。

在即将结束短暂而壮烈的人生之际，他给妻儿留下了最后的遗书。他嘱咐妻子：

> 死有重于泰山，有轻如鸿毛。盖当死而死，则死比泰山尤重，不当死而死，则死无益于事，比鸿毛尤轻。

他嘱咐两个儿子的遗书更是情真意切，令人泣下：

> 人须要立志。初时立志为君子，后来多有变为小人的。若初时不先立下一个定志，则中无定向，便为天下之小人，众人皆贱恶。你发愤立志要做个君子，则不拘做官不做官，人人都敬重你。故我要你先立起志来。心为一气之主，如树之根，如果之蒂，最不可先坏了心。

英雄末路，肺腑之言，感人至深。

嘉靖三十四年（1555 年）十月初一，杨继盛被害，时年 40 岁。史料记载，人们听说杨继盛要处斩，四城百姓蜂拥赶到西市，为杨继盛送行。沿街人山人海，哭声震天，晴朗的天空突然天昏地暗。杨继盛临刑，神态安详，昂首挺胸，视死如归，当众放声吟诵绝命诗：“浩气还太虚，丹心照万古。生前未了事，留与后人补。”

杨继盛妻亦殉夫自缢，燕京士民敬而悯之，以杨继盛故宅，改庙以奉，尊为城隍，并以其妻配祀。

孟子曰：“吾善养吾浩然之气。”正是这种浩然之气铸造了中国传统文化的精神脊梁。杨继盛的出现不是偶然,是儒学人格化的体现,他走得并不孤独。

人要有一种精神,民族要有一种精神。一个民族如果散失了精神的培养和道德的实践,将是一件非常可悲的事情。制度可以改变,礼仪可以重新适应环境,但是文化精神不可以丢失。

春花秋月,斗转星移,沧桑百年,每每走到此处,不由感慨万分。哦,高山仰止,大河前横。

焦山碑刻博物馆有一方唐代李德裕《重瘗舍利石函题记》，这方石刻是二十世纪六十年代镇江文物考古工作者在北固山铁塔塔基下地宫中发掘出土的。当年，李德裕在北固山上建造的是石塔，而现在大家看到的铁塔是后代所建；所瘗藏的舍利子来自上元县（南京）长干寺和禅从寺。碑文记载了李德裕为穆宗皇帝建塔修冥福的事情，全碑结字工整，字体圆润，笔锋清晰。

李德裕是唐代中期著名的宰相，他曾于长庆二年至大和三年（822—829 年）、太和八年至九年（834—835 年）、开成元年至二年（836—837 年）三度出任润州（今镇江）刺使，前后长达 10 年左右，自述为“三守吴门”。期间政绩显著，在禁佛的问题上，他处理得颇为得体，颇有政治眼光。他在北固山建塔供养舍利子、创建甘露寺，实际上是为了调整国家与佛教的关系，加强了唐王朝与佛教的沟通和对佛教的掌控，不能简单地说成此举就是为了向穆宗皇帝献忠心。

李德裕是唐武宗会昌年间名相，为政六年，内制宦官，外复幽燕，定回鹘，平泽潞，有重大政治建树。但唐宣宗李忱继位后，政局发生了变化，一反会昌时李德裕所推行的政令，李德裕成为被打击、陷害的主要对象，最终被放逐海南。

二十世纪八十年代初，上海辞书出版社出版发

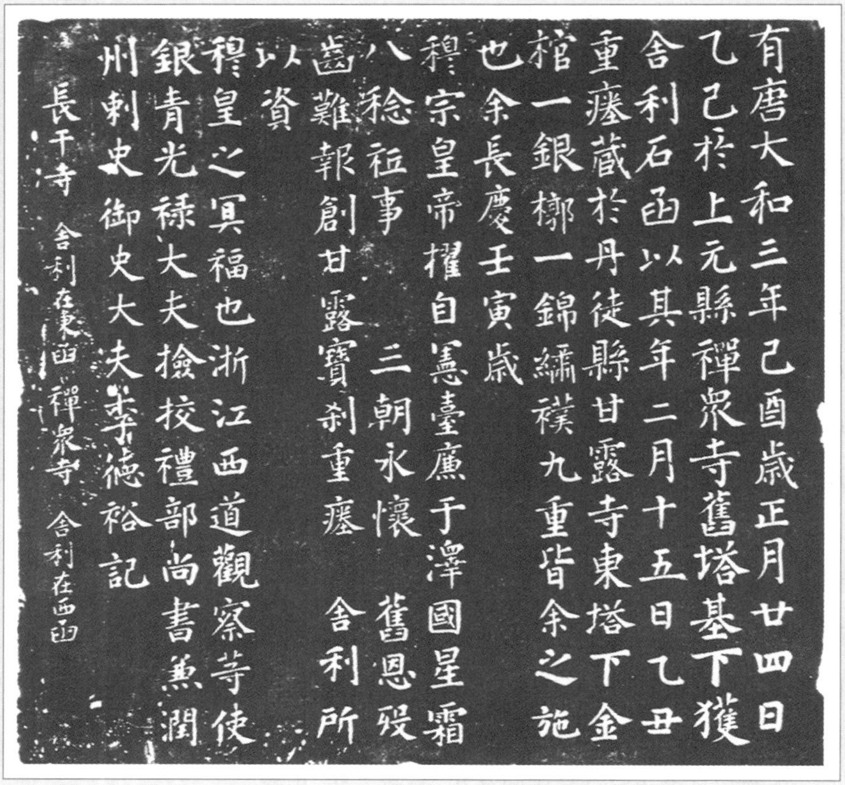
有唐大和三年己酉歲正月廿四日
乙巳於上元縣禪衆寺舊塔基下獲
舍利石函以其年二月十五日乙丑
重瘞藏於丹徒縣甘露寺東塔下金
棺一銀槨一錦繡襆九重皆余之施
也余長慶壬寅歲
穆宗皇帝擢自憲臺廉于澤國星霜
八稔祗事 三朝永懷舊恩歿
齒難報創甘露寶刹重瘞 舍利所
以資
穆皇之冥福也浙江西道觀察等使
銀青光祿大夫檢校禮部尚書兼潤
州刺史御史大夫李德裕記
長干寺 舍利在東函 禪衆寺 舍利在西函

《重瘞舍利石函题记》碑刻

行了一本《唐诗鉴赏辞典》,该书收录了李德裕的三首诗。

其中一首七言绝句是《长安秋夜》:“内官传诏问戎机,载笔金銮夜始归。万户千门皆寂寂,月中清露点朝衣。”这很像是李德裕的一则日记,反映了他从政生活的一个片断。

另一首是《登崖州城作》,是李德裕被贬到海南后所作,全诗为:“独上高楼望帝京,鸟飞犹是半年程。青山似欲留人住,百匝千遭绕郡城。”

在残酷无情的派系斗争中,李德裕是失败一方的首领,已落入政敌布置的天罗地网之中。历史的经验,现实的遭遇,使他清醒地意识到自己必然会死在这蛮荒之地,断无生还之理。史书记载,李德裕被贬到海南后不到一年就死在了那里。

诗中只说这“望帝京”的“高楼”远在群山环绕的天涯海角,通篇到底,并没有抒写政治的愤慨,迁谪的哀愁,语气是优游不迫,舒缓而宁静。然而正是在这优游不迫,舒缓而宁静的气氛中,却包孕着无限的忧郁与伤感,它的情调是深沉和悲凉的,深深透露了依恋君国之情,这和屈原在《哀郢》里说的“哀故都之日远”是同一种情感的表露。

1994 年,我去海南,在海口游览了“五公祠”。五公祠又称“海南第一楼”,位于海口市东南,建于清光绪十五年(1889 年)。

五公祠内祭祀着五位唐宋年间被贬海南的贤臣名相、忠义之士。李德裕是其中一位,其他四位分别是李纲、赵鼎、胡铨和李光。这五位精忠报国的名臣虽遭贬谪,但丹心不泯,在兴修地方公益事业、传播中原文化和培养人才方面,为当地人民做出了不少贡献,可他们没有一位活着回到大陆的。后人念其忠勇,哀其不幸,故建祠供奉。老百姓心中自有一杆秤啊!

有人在镇江网友之家的“百姓话题”上提出:当对北固山进行全面整修,当“多景楼”即将展露雄姿时,我们也应该给李德裕大人立尊塑像,以资纪念。说句心里话,我是举双手赞成。

镇江作为一个历史文化名城,能够供养佛舍利,这是莫大的幸运,这是李德裕的功劳。他当年在瘗藏佛舍利时为镇江做了虔诚的祈愿:永护城镇,与山同俱。

当年还是蛮荒之地的海南都能为“罪臣”建寺立像,更何况是李德裕曾经为官一任的历史文化名城镇江!

焦山碑林有一方石刻，是明嘉靖四十年(1561年)翻刻赵孟𫖯《前赤壁赋》小楷，并有其绘画的苏东坡小像。参观碑林的人，大都不会在意这幅小像。原因很简单，这不是书法作品。

赵孟𫖯(1254—1322年)，字子昂，号松雪、松雪道人，吴兴(今浙江湖州)人，是元代的著名书画大家。他的人物画，师唐人技法，人物雍和，意态从容，很有韵味，犹如他的书法，婉转流利，外秀内刚。

其实，赵孟𫖯出生时，苏轼已去世150余年，但在历史的长河中这个时间不算太长。他所作的苏东坡画像肯定是有所依据的，也就是说，应该有作品作为参照。因为在元代之前，与苏轼同时代的画家李公麟曾为苏东坡作过一幅画像，很有可能这幅作品到了元代还在民间流传。再者，在苏轼流放海南儋州时，镇江金山寺的住持佛印令人将苏东坡的画像刻在金山寺的石壁上，或许到了元代，这幅石刻画像还在。因此，赵孟𫖯这幅苏东坡小像，即便有许多创作的成分，但与实际人物还是比较接近的，有一定的可信度。在这幅画像中，苏东坡峨冠博袍，右手扶杖，慈眉善目，面庞饱满，少许的胡须显得沉稳平静。这多少与我们心中的想象有点区别。

我看过很多关于苏东坡的书籍和一些以他为题材的绘画作品，大都对苏东坡的描绘是高大伟岸，头颅微微向上昂起，双手后背，目光炯炯，眉骨凸起，棱

赵孟頫书《前赤壁赋》石刻局部

赵孟頫书《前赤壁赋》石刻全貌

骨分明,髯发飘飘。

2011 年春,我去四川成都参加第七届全国戏剧文化奖颁奖典礼时,中国戏剧文学学会组织参观了眉山的三苏博物馆。听博物馆的讲解员说,苏东坡的实际形象并不是如一些书籍中描绘的那样,那是我们当代人的想象,确切地说,那都是艺术形象。真正的苏东坡,中等偏上的身材,面部饱满,也没有多少胡子。这多少有点让我们失望,这么一位传奇、历尽坎坷的人物,一定是高大伟岸,壮怀激烈,傲骨凌霜的啊。

在三苏博物馆里,有一首苏轼的诗作展列在显著的位置,这就是苏轼的《自题金山画像》:"心似已灰之木,身如不系之舟。问汝平生功业,黄州惠州儋州。"这里的"金山"就是我们镇江的金山寺。公元 1101 年,苏轼北迁,路过镇江,重回到金山寺时,佛印已经圆寂,在自己的画像前,苏轼挥笔题下了这令人感慨万千、也令人无语的诗句。这可能是苏东坡的最后一首诗作,因为苏轼离开镇江金山寺回到常州后就因一路的暑热而得病,不久就去世,享年 66 岁。

其实,文章的好坏是一回事,作者的形象又是另一回事,不一定完全等同。我们都读过欧阳修的《丰乐亭记》和《醉翁亭记》,都会被他那种委婉曲折、娓娓道来的写作技巧和言辞优美、风格清新的文风所折服;著名的《秋声赋》更是运用各种比喻,把无形的秋声描摹得非常生动形象,使人仿佛可闻。我们伏案遐想,这欧阳修一定长得一表人才,风度翩翩。可我告诉你,我们的想象完全错了,史书记载,欧阳修生得矮小苍白,上唇短,不需开口而牙齿毕露,一旦开口,近乎狰狞,他开怀大笑时简直像魔鬼,其形象实在是不敢恭维。如此看来,文章所具有的美感和实际人物形象有时完全是两回事。

更为重要的是,大多阅历丰富、历尽坎坷的人,其内心世界往往并不外露，倒是显得很平静。尽管内心波澜壮阔，汹涌澎湃，其外部却平静如水，这大概就是我们平常所说的真人不露相吧。

四川眉山三苏博物馆的讲解员说，近千年来，苏东坡的后裔分布在全国各地。他列举了许多古代、近现代各个领域的著名人物，可我都没有记住，但我记住了一个人的名字，他就是曾经担任过中共中央主席的华国锋。华国锋原名苏铸，“华国锋”是他参加革命后起的名字。仔细一想，还真有那么一点儿意思，真有那么一点儿遗传基因，那就是豁达大度，淡定从容，拿得起也放得下。不知你以为如何？

在苏轼的一生中，他的从政道路可谓坎坷不平，用“宦海沉浮”四个字来形容一点儿也不为过。他几上几下，屡屡遭贬，四海飘零。不过，苏轼其人生性豁达，内心坚强，积极乐观，面对磨难他总是沧海一笑。

苏轼与我们镇江颇有缘分，镇江是他的浪迹宦游之地。有学者统计，苏轼曾十一次到过镇江，次数之多，关系之密切，在他所到的众多州县中，实属少见。苏轼每每到镇江，少不了游山玩水，寻僧访道，并走访镇江的文化名人，饮酒赋诗，因此留下了不少诗作，其中影响最大的当数《游金山寺》和《自题金山画像》。

为全面感受苏轼与我们镇江的情缘，不妨将这两首诗都附录于下：

游金山寺

我家江水初发源，宦游直送江入海。
闻道潮头一丈高，天寒尚有沙痕在。
中泠南畔石盘陀，古来出没随涛波。
试登绝顶望乡国，江南江北青山多。
羁愁畏晚寻归楫，山僧苦留看落日。
微风万顷靴文细，断霞半空鱼尾赤。
是时江月初生魄，二更月落天深黑。
江中似有炬火明，飞焰照山栖乌惊。
怅然归卧心莫识，非鬼非人竟何物？

《东坡先生游招隐诗》碑刻

江山如此不归山，江神见怪惊我顽。

我谢江神岂得已，有田不归如江水！

自题金山画像

心似已灰之木，身如不系之舟。

问汝平生功业，黄州惠州儋州。

焦山碑林有一方苏轼的诗作碑刻，这就是苏轼的《同柳子玉游鹤林招隐醉归呈景纯》。虽然碑刻的诗文的大部分尚能辨读，但因年代久远，有些文字已变得模糊不清，无法将全诗通读下来。我查阅了苏轼的诗词作品，找到了这首诗，特录全诗如下：

同柳子玉游鹤林招隐醉归呈景纯

花时腊酒照人光，归路春风洒面凉。

刘氏宅边霜竹老，戴公山下野桃香。

岩头匹练兼天净，泉底真珠溅客忙。

安得道人携笛去，一声吹裂翠崖冈。

这里的柳子玉、刁景纯都是当时镇江的文化名人，苏轼同他们交往甚密。柳子玉同苏轼还有点儿亲戚关系，苏轼的一个堂妹是柳子玉的媳妇。其实，苏轼和柳子玉的诗词远不至这一首。

如：

昭君怨・金山送柳子玉

谁作桓伊三弄，惊破绿窗幽梦？

新月与愁烟，满江天。

欲去又还不去，明日落花飞絮。

飞絮送行舟，水东流。

金山寺与柳子玉饮大醉卧宝觉禅榻夜分方醒书

恶酒如恶人，相攻剧刀箭。

颓然一榻上，胜之以不战。

诗翁气雄拔，禅老语清软。

我醉都不知，但觉红绿眩。

醒时江月堕，摵摵风响变。

惟有一龛灯，二豪俱不见。

以及《和柳子玉喜雪次韵仍呈述古》《柳子玉亦见和因以送之兼寄其兄子璋道人》《次韵柳子玉二首　纸帐》等。

苏轼是一位高产作家，一生写了3458首(篇)诗词、文章。他的诗词都不难懂，用典也不多，焦山碑林中的这首诗，让我们看到苏轼诗词风格的另一面。他的诗词并不都是“大江东去，浪淘尽，千古风流人物”的豪放，也有“欲把西湖比西子，淡妆浓抹总相宜”的柔美。你看，在《同柳子玉游鹤林招隐醉归呈景纯》中有着这样的诗句：“归路春风洒面凉”“戴公山下野桃香”“泉底真珠溅客忙”，一派生机盎然的春景，末句“安得道人携笛去，一声吹裂翠崖冈”，显得空灵，令人遐想万千。

苏轼在镇江的诗词很多，不能一一录下。我们在课文里就读过《游金山寺》，有些诗句至今还能背下来。而《自题金山画像》是苏轼生命中的最后一首诗，可谓“绝笔”。四川眉州的三苏博物馆就将其放在一个重要的位置，可在我们镇江金山寺，不知何人放着现成的不用，却将苏轼的《水调歌头·明月几时有》刻在楞伽台附近的石壁上，生拉硬拽地将这首词说成是苏轼在镇江所作，实在可笑。

在苏轼的作品中，我们几乎看不到情绪低落、悲悲戚戚的诗词歌赋，无论被朝廷贬到何处，他总能坦然面对。宋人陈政敏《遁斋闲览》中有这样一段记载:“东坡自南海还,过润州(今镇江)。州牧,故人也,出郊迓之。因问海南风土人情如何?东坡云:风土极善,人情不恶。”受了这么大的磨难,苏轼还是那么乐观,看到人世间温暖的一面,看到人间自有真情在。

人都说境由心生,苏轼以穿透历史的眼光审视一切不平之事,以面对当下的思考积极生活。苏轼心中装着生活,所以他能看见生活,小到野桃泉水,大到国家历史,纵向千年,横向万里。他能看见普通人眼中的生活,又能看见普通人看不见的生活,他对生活有着永不衰竭的热情和无穷的想象力,标示了他生存的高度和广度。

苏轼给我们一个启示,活着要有意义,生活要有韵味。无论面对怎样崎岖不平的人生道路,他始终用良知、美感、活力去品味人生。

文人的风节

w e n r e n d e f e n g j i e

焦山碑林中的苏东坡《题文同墨竹跋》及《墨竹自题》历来为世人所关注。墨竹是文人画中重要的题材之一，而文同正是北宋墨竹的代言人。

文同（1018—1079年），字与可，自号笑笑先生、锦江道人，世称石室先生。文同在中国画史上有“竹派之祖”的美誉，他嗜竹成癖，自诩“竹如我，我如竹”。他画竹不打腹稿，一气呵成，提笔挥洒，顷刻之间，形神兼备、栩栩如生的竹子便跃然纸上。他还可以同时握两枝不同深浅的墨笔，同时画两枝竹。晁补之作诗赞曰：“与可画竹时，胸中有成竹。”成语“胸有成竹”正是从他画竹而来，他“胸有成竹”的画论，对后人创作构思有重大的影响。

文同在50岁后仕途失意，又疾病缠身，心情非常郁闷。他便常常画一些弯曲的竹子，这种纡竹“为垂岩所轧”，“屈已以自保，生意愈艰”，但又挣扎向上，其实正是他自身的写照。

苏东坡是文同的表兄，文同的儿子还与苏辙的女儿结为姻亲，苏文两家亲上加亲。这种深厚的亲情和友情，使得苏轼在文同去世后十四年还有祭文同的文字出现，十分难得。“宁可食无肉，不可居无竹。无肉令人瘦，无竹令人俗”，既是苏东坡自况，也是苏轼对文同的评价。

文同任洋州（今陕西洋县）太守时，别人都觉得那里是穷乡僻壤，但文同却十分惬意于此，因为这里

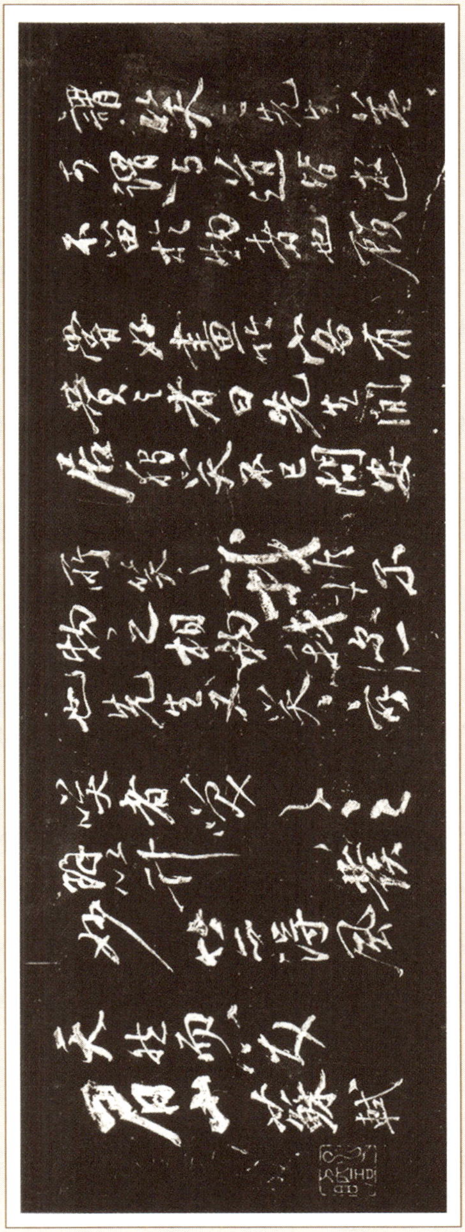

澄鉴堂石刻·苏轼《石室先生画竹赞并叙》

满山满谷都是竹林。一日，文同正与夫人就着竹笋晚餐，收到了苏东坡的信札，除了照例嘘寒问暖外，苏东坡还赋诗一首：

汉刀修竹贱如蓬，斤斧何曾赦箨龙。
料得清贫馋太守，渭川千亩在胸中。

文同读罢，忍俊不禁，开怀大笑。有如此亲家，这位太守倍感生活滋润。他曾坦言："世无知己者，唯子瞻识吾妙处。"苏东坡也表示："与可于予亲厚无间，一日不见，使人思之。"

苏轼曾在文同的画幅上作百余字的题记，其中有12个"笑"字，竟有六种不同的写法，形态各异，别开生面。其中有一段文为："谓笑笑先生差，可谓与道皆游，不留物者也，顾尝好画竹，客有赞之者曰，先生闭居，独笑不已，问安所笑，笑我非尔，物之相物，我尔一也。先生又笑，笑笑所笑者，笑笑之余，以竹发妙，竹也得风，天然而笑。"

宋元丰二年（1079年），61岁的文同奉调出任湖州（今浙江吴兴）太守，不幸病逝于赴任途中的陈州（今河南淮阳）驿舍。东坡得知噩耗，手摩画册，挥泪不止。他在《跋与可纡竹》一文中说："想见亡友之风节，其不屈不挠者盖如此云。"

古往今来，咏竹画竹的诗词歌赋书法绘画，浩如烟海，不胜枚举。不少与竹结缘的诗人画家，借竹抒发情怀，体现人格志气，产生了无数瑰丽的咏竹诗画，留下了许多佳话广为流传。

竹子的淡泊清高、虚心坚定和凌云奋发的品性，永远是流淌在文人心底的一首歌。

江郎才尽为哪般

jiang lang cai jin wei na ban

“江郎才尽”这个成语人人皆知，这里的“江郎”就是南朝著名的军事家、政治家、文学家江淹。

江淹也有一首五言诗留在焦山，不过这首诗是由明末的政治人物阮大铖书写的。全诗如下：

杳杳长役思，思来使情浓。
恒忌光氛度，籍蕙望春红。
青莎被海月，朱华冒水松。
轻风暖长岳，雄虹赫远峰。
日暮崦嵫谷，参差彩云重。
永愿白沙渚，游衍遂相从。
丹山有琴瑟，不为忧伤容。

江淹（444—505 年），字文通，宋州济阳考城（今河南省商丘市民权县）人。江淹少时孤贫好学，六岁便能诗文，十三岁丧父，二十岁左右出仕，开始其政治生涯，历仕南朝宋、齐、梁三代。

江淹在仕途上早年不甚得志，历尽坎坷。他为官清正，却被诬受贿入狱；他不避权贵，直言敢谏，又屡屡遭受打击。中年以后，江淹时来运转，官运亨通，但官运的高峰却造成了他创作上的低潮。可能是位居高位，公务繁忙，无暇静心写诗作赋，也可能是富贵安逸的环境，使他才思减退，总之到齐武帝永明后期，他就很少有传世之作，故有“江郎才尽”之说。

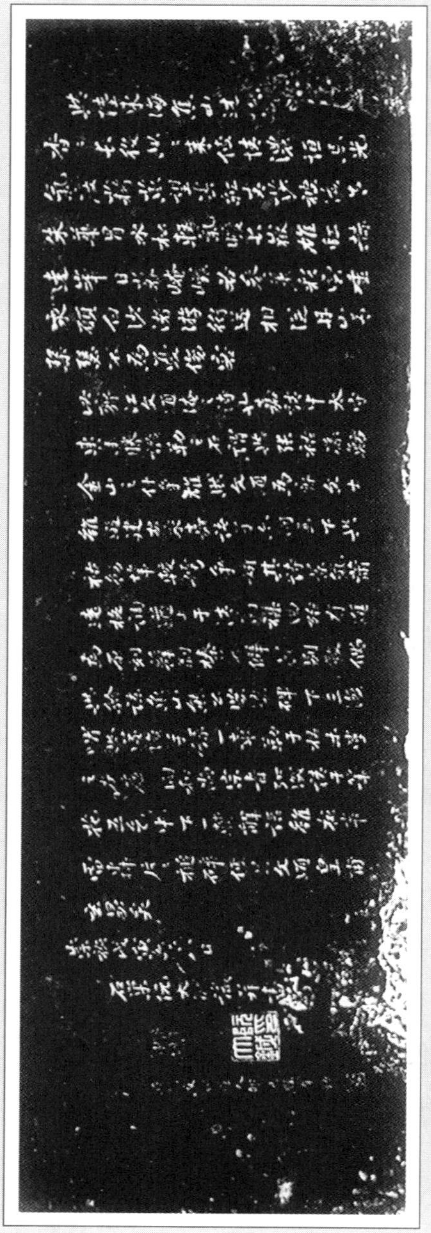

《与陆东海焦山述怀》碑刻

江淹突出的文学成就表现在他的辞赋方面。他是南朝辞赋大家，与鲍照并称。南朝辞赋发展到“江、鲍”，达到了一个高峰。江淹的《恨赋》《别赋》与鲍照的《芜城赋》《舞鹤赋》可说是南朝辞赋的佳作。最为知名的当数他在狱中写给建平王刘景素的《诣建平王书》，文章辞气激扬，不卑不亢，真情实感流注于字里行间。

在中国历史上，官运亨通的人其文往往平平，缺乏真情实感，味同嚼蜡，而历尽坎坷的人却文采斐然，处处闪烁着思想的光芒。司马迁在《报任安书》中有这样一段话：“古者富贵而名摩灭，不可胜记，唯倜傥非常之人称焉。盖文王拘而演《周易》；仲尼厄而作《春秋》；屈原放逐，乃赋《离骚》；左丘失明，厥有《国语》；孙子膑脚，《兵法》修列；不韦迁蜀，世传《吕览》；韩非囚秦，《说难》《孤愤》；《诗》三百篇，大抵圣贤发愤之所为作也。此人皆意有所郁结，不得通其道，故述往事、思来者。乃如左丘无目，孙子断足，终不可用，退而论书策，以舒其愤，思垂空文以自见。”

其实，为官和为学是两种逻辑思维，历史上很少有人二者兼得，君不见历史上许多传世之作不都是在作者贬黜之后留下的吗？司马迁的《史记》、陶渊明的《桃花源记》、韩愈的《祭鳄鱼文》、范仲淹的《岳阳楼记》、欧阳修的《醉翁亭记》、苏轼的《赤壁赋》、王阳明的《瘗旅文》等，概莫能外啊。

在我看来，江淹在中年以后官运亨通，仕途得意，公务繁忙，无暇写作，这仅是一个表象，其深层次的原因是江淹深谙官场的黑暗，担心自己的才华被君王嫉恨，不愿因文而引火烧身，故不如守拙，装着一副才华枯竭的样子，以求自保。如果说江淹的《恨赋》《别赋》是千古绝唱，那么他的托梦还笔便是旷世奇谋。为博君王之欢心，能苟全于乱世，他把所有令人惊叹的文采都转化成了于乱世求生存的智慧。

江淹曾不无得意地对弟子说:“吾本素官,不求富贵,今之忝窃遂至于此,平生言止足之事,亦以备矣。”在这种养尊处优的环境下,江淹再也没有写出好的文章。

其实,江郎何曾才尽?罢笔后的江淹仍然智慧聪明。我们是不是有点误读了历史?

东临碣石有遗篇

dong lin jie shi you yi pian

焦山碑林有一方《清刻宋徐铉临秦碣石门刻石》。

凡是读过一点儿中国古典诗词的人，几乎没有不知道碣石山的。这座被誉为“神岳”的名山之所以闻名华夏，并非因为它有奇秀的风景和鼎盛的香火，而是由于它和秦皇汉武的虔诚求仙，历代帝王的登临咏歌连在一起。

曹操的名篇《步出夏门行》中的“东临碣石，以观沧海”，毛泽东主席的《浪淘沙·北戴河》中的“往事越千年，魏武挥鞭，东临碣石有遗篇”使得“碣石”更加广为流传。

公元前215年，秦始皇东巡碣石。丞相李斯等为颂秦德而立石，撰《碣石门辞》颂扬秦始皇统一天下的丰功伟绩及给百姓带来“男乐其畴，女修其业，事各有序”的升平景象。

《碣石门辞》全文如下：

遂兴师旅 诛戳无道 为逆灭息
武殄暴逆 文复无罪 庶心咸服
惠论功劳 赏及牛马 恩肥土域
皇帝奋威 德并诸侯 初一泰平
堕坏城郭 决通川防 夷去险阻
地势既定 黎庶无徭 天下咸抚
男乐其畴 女修其业 事各有序
惠被诸产 久并来田 莫不安所
群臣诵烈 请刻此石 垂著仪矩

清刻宋徐铉临秦碣石门刻石

“碣石山”究竟位于何处，目前学术界尚有争议。有河北乐亭说、河北昌黎说和山东无棣说等。其实，碣石山究竟位于何处已经不那么重要，只不过这段历史记载了秦始皇曾在那座叫碣石山的地方，为了长生不老而渡海求仙的荒唐之举。倒是他的丞相李斯用精美的小篆写下的歌功颂德的《碣石门辞》，见证了秦始皇统一中国后“书同文”政策的推行。铭文的内容也不重要，无非是歌颂秦始皇的丰功伟绩，而李斯书写的精美小篆价值却非同一般，这是秦国在原来使用的大篆的基础上，进行简化，取消了其他六国的异体字，创制的统一的文字书写形式。这种汉字的书写形式一直延续到西汉末年，才逐渐被隶书所取代。

“小篆”也叫“秦篆”，其特点是形体偏长，匀圆齐整，字体优美，为历代书法家所青睐。又因为其笔画复杂，形式奇古，而且可以随意添加曲折，在印章刻制上，尤其是需要防伪的官方印章，都一直采用篆书。

“往事越千年”，李斯本人，这位小篆的鼻祖，后为赵高所诬，腰斩于咸阳，其惨烈的下场令后人感叹不已。而他所书的刻石《碣石门辞》，早在东汉末年就已毁灭，了无痕迹，现今所见多为后人的摹本。

焦山碑林中的《秦碣石门刻石》就是由宋初的徐铉临摹，清代的钱泳得此摹本后，而勒石于焦山。

徐铉（916—991 年），字鼎臣，广陵（今江苏扬州）人，是五代、宋初的文学家、书法家。官历五代吴校书郎、南唐知制诰、翰林学士、吏部尚书，后随李煜归宋，官至散骑常侍，世称徐骑省。徐铉性简淡寡欲，质直无矫饰，工于书，好李斯小篆。

钱泳是清代著名学者，精通金石碑版之学，尤善篆书。即便到了二三百年后的今天，他的墨宝亦随处可见。

从中国文字的演变、传承和研究的角度来说，宋初的徐铉和清代的钱泳无疑是做了一件非常有意义的事，让后人得以见到这些精美的文字。

毛泽东主席的“东临碣石有遗篇”中的“遗篇”，现在最为通常的解释都是指曹操的《观沧海》一诗。我以为这个解释不够全面，以毛泽东穿越历史的眼光，他看到的不仅是一代枭雄曹操，更应该看到的是成就千秋伟业的秦始皇。因此，这“遗篇”应该还包含了公元前215年，秦始皇令丞相李斯在悬崖峭壁上刻下的《碣石门辞》。

当然，我们今天来研读这样的碑，关注的要点已经不是李斯在《碣石门辞》里那些歌功颂德的内容，而是通过这些形体优美的文字见证中国汉字的演变史，更为重要的是感受这段文字所承载的风雨沧桑和天翻地覆的历史巨变。

是啊，“萧瑟秋风今又是，换了人间”。

陆游，南宋大诗人，曾与友人去焦山踏雪寻访《瘗鹤铭》，并留下题名真迹。

全文为：

陆务观、何德器、张玉仲、韩无咎，隆兴甲申闰月二十九日，踏雪观《瘗鹤铭》，置酒上方，烽火未息，望风樯战舰在烟霭间，慨然尽醉。薄晚，泛舟自甘露寺以归。明年二月壬午，圜禅师刻之石，务观书。

公元1164年初，38岁的陆游与友人来到焦山，观赏《瘗鹤铭》，望着曾经是大宋王朝的土地，陆游感慨万千，中原“烽火未息”，金兵侵犯，南宋王朝却偏安江左，采取不抵抗主义。陆游怀着“望风樯战舰在烟霭间”的悲愤心情，挥毫写下了这段文字，忧国忧民之情，溢于言表。

全文仅73字，寥寥数语，将人物、时间、地点、事件等交代得清清楚楚。叙事的同时字里行间又充满饱满的感情，表现了作者在此情此景下的认识和感受。

在陆游生活的时代，北方的少数民族政权金国频频向宋朝发动战争，积贫积弱的宋朝丧失了大量国土，被迫不断向南迁移，人民生活在战乱和动荡之中。少年时代的陆游就不得不随着家人逃难，饱尝流离失所的痛苦。

陆游从小受到父亲强烈爱国思想的熏陶，很早就懂得忧国忧民，渴望国家重建。为了实现自己报

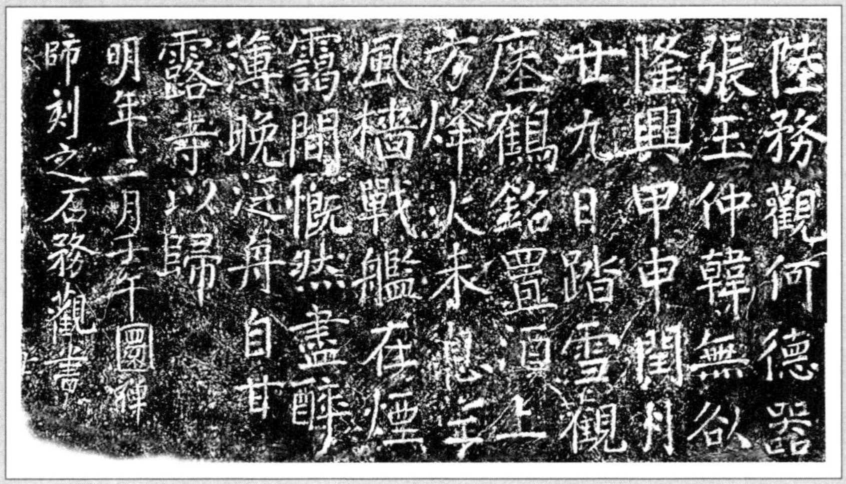
陸務觀何德器
張玉仲韓無咎
隆興甲申閏月
廿九日踏雪觀
瘞鶴銘置酒上
方烽火未息望
風檣戰艦在煙
靄間慨然盡醉
薄晚泛舟自甘
露寺以歸
明年三月十日圜禪
師刻之石務觀書

《踏雪观瘗鹤铭》题名石刻

效祖国的理想,他特别注意学习兵书。二十岁时,他在一首诗中写道,“上马击狂胡,下马草军书”,希望自己有一天能亲临战场、杀敌报国。然而直到四十多岁,他才有机会在军中做一名军官,实现了自己多年的愿望。

陆游是著名的爱国主义诗人,一生写了9362首诗词,内容极为丰富。他的诗大多抒发政治抱负,反映人民疾苦,批判当时统治集团的屈辱投降,风格雄浑豪放,表现出渴望恢复国家统一的强烈爱国热情。陆游的词作量不如诗篇巨大,但和诗同样贯穿了气吞残虏的爱国主义精神。明代第一大才子杨慎对陆游的词有这样的评价:“纤丽处似秦观,雄慨处似苏轼。”此言极是。

陆游也是一位书法家,精行草和楷书。他自称“草书学张颠(张旭),行书学杨风(凝式)”。这方《踏雪观瘗鹤铭》题名石刻用笔方圆兼备,秀润挺拔,自然流畅。朱熹称其笔札精妙,遒严飘逸,意致高远。陆游的传世之作有《苦寒帖》《怀成都诗帖》等。

同时,我们也可将这篇《踏雪观瘗鹤铭》看作散文体游记,因为它具备了散文的所有要素。

散文是与诗歌、小说、戏剧并称的一种文学体裁,不讲究音韵,不讲究排比,没有任何的束缚及限制,是最自由的文体,包括杂文、随笔、游记等。优秀的散文有着深刻的思想内涵,读罢让你思索良久,感慨万千。散文的精美之处在于“形散神不散”。

南宋的散文和北宋诸位大家的散文仍是一脉相承,都具备上书言事,议论时政的风格,表现了作者鲜明的政治态度。陆游的这篇游记融情于景、寄情于事、寓情于物、托物言志,表达作者的真情实感,实现物我统一,展现出更深远的思想,使读者领会更深的道理。

虽然这篇题名石刻未列入陆游的诗文集中,但我们仍然可将其视为一篇优秀的散文、中国文学史上最短的一篇散文。

明代杨一清的《重游焦山》石刻为历来的文人学者所重视。全文如下：

洞口孤云面面生，百年身世坐来清。
一船月色金山寺，十里烟光铁瓮城。
江阁雨余秋水阔，海门风定暮潮平。
青衫潦倒虚名在，耻向沙鸥问旧盟。

杨一清是明代重臣，《明史》有传。他一生历官五十余载，官至华盖殿大学士、内阁首辅，为明代中叶著名的政治家，其影响之大，当时就有人称其为“四朝元老，三边总戎，出将入相，文德武功”。他熟知边务，用兵如神，算无遗策，灵机应变，动合时宜，学识博雅，名扬天下。

杨一清一生游历极广，所到之处，也多有题咏。他在描写山水的时候，常托物言志，抒发自己的抱负。在他的诗作中常将这种忧国忧民的思想表现无遗，这在历代重臣中甚为罕见。

杨一清的书法学颜鲁公，颇得其法，字如其人，钢筋铁骨。焦山碑刻博物馆的这一方石刻手迹闻名海内，是杨一清书法中的精品。

杨一清与镇江很有缘分，明成化七年（1471年），杨一清父丧江苏镇江丹徒观音楼巷圆通庵，无力归葬云南。故杨一清晚年致仕后，为给父母守墓之便，遂迁镇江定居。

晚年，杨一清被谗言击倒，被削职为民，回家闲

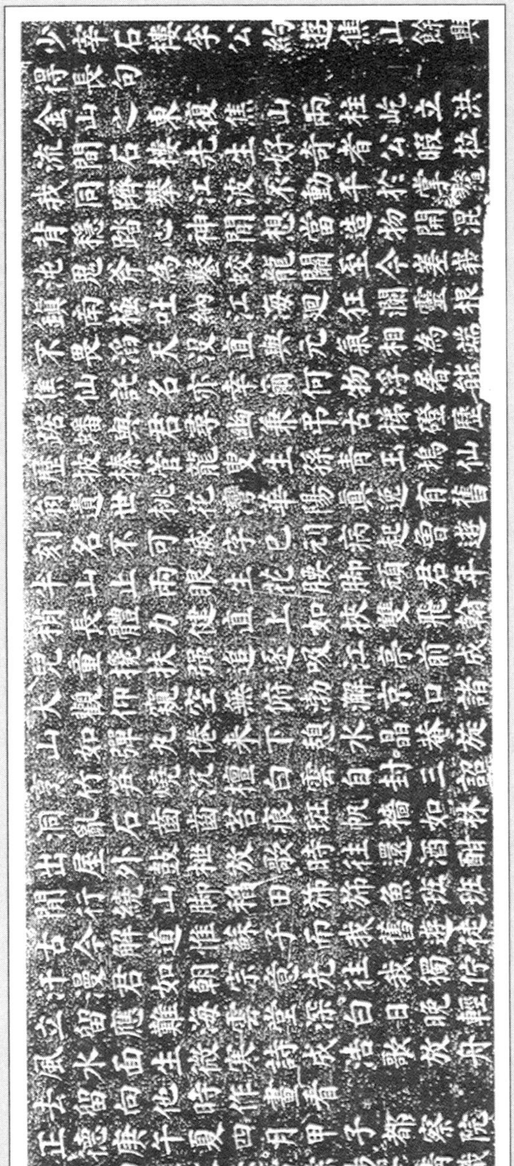

杨一清手迹碑刻

居，寄情山水，经常偕友人同游焦山。《焦山诗汇》中收有他咏焦山的诗作十余首。

“莫怪居人夸胜地，分明此景是蓬壶。”

“海云堂深白日晚，清风水面生微寒。诗成浩歌放舟去，留向他时作画看。”

“八年不到焦山寺，今日重来一老翁。新渚忽生波岛外，旧题多在薜萝中。”

焦山建水晶庵时，他效仿东坡留下玉带作“镇山之宝”。他曾在丁卯桥修建宅园，名“石淙精舍”。他对镇江的一草一木有着浓厚的感情，非他人可比。

史料记载，杨一清晚年郁郁寡欢，痛苦凄凉，结局是相当悲惨的。他又气愤又悔恨，说：“老矣，仍为孺子所卖。”居家不到一年就背疽发作，很快就死去。临死时，他不忘申辩，给嘉靖留下遗书说：“身被污蔑，死不瞑目。”

1530 年，杨一清在镇江病故，葬在南郊。其墓位于今天润州区的卢湾村，可谓“青山有幸埋忠骨”。杨一清死后 18 年，也就是嘉靖二十七年（1584 年），嘉靖这时 42 岁，良心发现，觉得对杨一清的处理不公平，又为他平反，恢复了他的名誉与官职，而且赠太子太保衔，官升一级，谥号“文襄”。

记得在二十世纪六十年代初，还是儿时的我随家中长辈去南郊祭扫祖坟，每次都要经过一处石人（翁仲）、石马的地方，现在想起来那就是杨一清的墓道。当然，几十年过去了，这一切都湮灭不存。

杨一清究竟是何方人氏，是学术界争论不休的话题。如今各地争抢历史名人时有发生，已屡见不鲜，我非历史学家也不想去考证此事，只觉得各种说法都有一定的道理。统观杨一清一生的经历，他生于云南安宁，长于湖南巴陵，老于江苏镇江。晚年的杨一清就自号为“三南居士”。

明朝大学士李东阳曾写了一首诗赠送杨一清：

君本滇阳人，还生岭南地。

巴陵非故乡，京口亦何意。

其实，自古英雄不问出处。功在朝廷，原不分先主后主；名高天上，何须辨襄阳南阳；文武两赤壁也未尝不可。

江南才子的最后一笔

jiangnan caizi de zuihou yibi

文徵明是明代的"江南四大才子",关于他的故事,大多数人是通过民间传说或古装电视剧了解到的。

作为一代书画大家,文徵明是我们江苏人,但他留在镇江焦山碑林的作品似乎并不多,仅有三件。一件是他书写的《千字文》,另两件是他应人之邀书写的《明故儒医戈斋钱君之墓志铭》和《钱屋舟之配孺人费氏墓志铭》。

文徵明(1470—1559年),初名璧,字徵明,明代画家、书法家、文学家,长洲(今江苏苏州)人。生于明宪宗成化六年,卒于明世宗嘉靖三十八年。文徵明是"吴门画派"创始人之一,与唐伯虎(唐寅)、祝枝山、徐祯卿并称"江南四大才子"。文徵明的书画造诣极为全面,其诗、文、书、画无一不精,人称是"四绝"的全才。

文徵明出身于官宦世家,据说他少年时不很聪慧,甚至有些迟钝。六岁尚站立不稳,八九岁还口齿不清,直到十三岁时才突然聪明起来,此后虽不敢说过目成诵,但也算是记忆力超群。十九岁时,文徵明考中长洲县生员,从此开始了他屡屡挫败的科举之路。文徵明好学,但兴趣不在八股上面,却好读与科考关系不甚密切的史书、汉赋。从二十六岁起直到五十三岁共9次乡试都未通过,真是"白了少年头,空悲切"。

《钱屋舟之配孺人费氏墓志铭》碑刻

直到五十四岁时，被他人举荐入朝，授翰林院待诏。然而文徵明很不适应这个职位，又加上同僚的歧视，先后三次上书乞归，终于在五十七岁辞官离京，放舟南下，回苏州定居，自此致力于诗文书画，被压抑的才能一下子迸绽开来。他不再求仕进，以戏墨弄翰自遣，避与权贵交往，以书画诗文影响吴中。

文徵明在书法史上以兼善诸体闻名，尤擅长行书和小楷。他的小楷特别精细工整，主要来源于王羲之、王献之、虞世南、褚遂良和欧阳询，法度谨严、笔锋劲秀、体态端庄，风格清秀俊雅。他八十岁以后的小楷，尤其见功夫。他的传世墨迹很多，如小楷《前后赤壁赋》、行书《诗稿五种》，晚期的《西苑诗》等。他的所有作品，都笔笔工整，即使是快到九十岁时，也是如此，这在我国书法家中是极为少见的。

与其好友祝枝山、唐寅相比，文徵明虽为才子，却并不风流。文徵明一生为人端严，远声色，轻富贵，俨然君子。这种性格和人生态度也自然表现于他的诗文当中，诗风法度谨严、格调高古；文章自然典雅，正气凛然；画风醇正，造诣全面，工山水、人物、花卉、兰竹，取法广泛，自成家数，最终与乃师沈周齐名，成为沈周之后吴门画派的领袖人物。

文徵明在晚年声誉卓著，号称“文笔遍天下”，可谓大器晚成。购求他的书画者踏破门坎，有“海宇钦慕，缣素山积”之说。

九十岁那年，文徵明作诗迎接新年。次月的某日，他在写完朋友的墓志铭之后，“便置笔端坐而逝”，静静地结束了他的一生。

这位江南才子留在这个世界上的最后一笔竟是墓志铭，这多少让人感慨不已。如此说来，焦山碑林留有他书写的墓志铭也就显得尤为珍贵了。

才华横溢与百世骂名

caihua hengyi yu baishi maming

在“文革”前看过一部电影《桃花扇》，就知道历史上有个叫阮大铖的人物，是一个无耻小人。多年后，在焦山碑林看到阮大铖的碑刻，才知道他还是一位才华横溢的文化人。一位才华横溢的人同时又是一个无耻小人，两个似乎本不该联系在一起的概念却发生在一个人身上，这就是历史。

焦山碑林有两方阮大铖的石刻，一方是阮大铖自己写的游焦山的诗，还有一方是阮大铖书写江淹的诗作《焦山述怀》。

阮大铖（1587—1646 年），安徽桐城人，明末政治人物、著名戏曲家。阮大铖以进士居官，先依东林党，后依魏忠贤，崇祯朝终以附逆罪罢官为民。明亡后在福王朱由崧的南明朝廷中官至兵部尚书、右副都御史，与马士英狼狈为奸，对东林、复社文人大加迫害，南京城陷后乞降于清，到顺治三年跟随清军南征福建途中死在仙霞岭上。

阮大铖三十年间曾经两次叛变，三次遭众人声讨、驱逐，立身行事劣迹斑斑。无论在当时还是后世，他都是公认的小人、坏蛋，就连他最后卖身投靠的大清王朝，在编修《明史》时也毫不客气地把他列入了“奸臣传”。

但阮大铖又是一个公认的才子、能人，实有文采，且结交广泛，在放意归田的一段时间里，史可法、文震孟、张岱、范景文等一批名士，都曾是阮大铖游

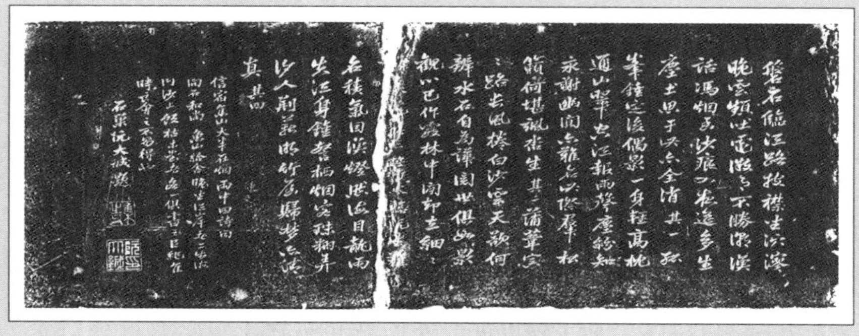

阮大铖游焦山诗碑刻

宴倡和的朋友。阮大铖一生共创作戏曲十一种，另有《咏怀堂诗文集》数册行世，现已大半散失，所作传奇今存《春灯谜》、《燕子笺》、《双金榜》和《牟尼合》。二十世纪八九十年代出版的《中国大百科全书·中国文学分卷》中，在“清传奇杂剧作家”中，也列入了阮大铖的名字。

其实阮大铖从来不是以戏曲家身份立身处世，而是以政客身份与世周旋的人物。他搞戏曲有其政治目的，搞政治投机和谋略权术也颇有出人意料的“才华”，能在作恶中显出与众不同的能耐，因此往往坏得出奇。

纵观阮大铖一生的官宦生涯，先后累计在一起并不长。因一时之激愤，而留百代之骂名，真是“一失足成千古恨”啊。

自古小人有才者亦多矣，而每逢社会发生变革时，尤其多见人品虽差，却又文采斐然的“精英”。唐有沈佺期，宋有蔡京，明有严嵩、阮大铖，清有钱谦益，当然，现代的康生之流毫无疑问地也算其中一类。他们善于利用时势，利用社会条件，利用制度的缺陷等，钻一切可钻的空子，以满足私欲而不顾其他一切，其中折射出来的人性、时代、社会等问题，并不比正面人物身上折射出来的少、浅、弱。此类人物过去有之，未来的社会还可能会有。

对于阮大铖，他的朋友张岱在《陶庵梦忆》中有这样一句中肯的评价：“阮圆海大有才华，恨居心勿静。”他认为阮大铖的病根是“居心勿静”，换成今天的说法就是不安分、有野心。真是一语中的啊。

却归来　念弥陀

que gui lai nian mi tuo

焦山碑刻博物馆有一方书法石刻，为民国时期军阀吴佩孚书写的《扬州长生古寺弥勒楼阁颂》。

扬州历史上曾有一处古刹长生寺，由于历史原因，该寺早已不复存在，仅存一座清末修建的塔式弥勒阁，至今还矗立在扬州的运河岸边。

还是在上小学时就从课文上得知，吴佩孚是一位杀人不眨眼的大军阀，一直以为他是一个大字不识的恶魔。随着年龄的增长，书读多了，才知道他是一个秀才，有着很深的文化功底，写诗填词、书法绘画、领兵打仗样样了得。史书记载，因书法好，吴佩孚喜欢给人写字，若有人向他求字，他总是有求必应。这幅《扬州长生古寺弥勒楼阁颂》就是他在1924年夏应人请求书写的。

全文如下：

长生古寺，选佛开场，华严经卷，涌现金光；
佛子可端，湛然入定，五蕴皆空，见华岩境；
慈悲宏愿，普度众生，扫除障碍，大放光明；
弥勒示现，天花飞舞，敷座说法，晨钟暮鼓；
文殊指引，觉路诞登，莲华千叶，楼阁三层；
一心皈依，顶礼三宝，苦海无边，回头及早；
同参妙谛，各种善因，居士护法，发菩萨心；
感召祥和，潜消劫运，大转法轮，世界宁靖。

甲子季夏孚威将军直鲁豫巡阅使蓬莱吴佩孚敬颂书

吴佩孚是一位复杂的历史人物，1923年曾残酷

《扬州长生古寺弥勒楼阁颂》碑刻

镇压京汉铁路工人大罢工(二七大罢工),制造了二七惨案。在其鼎盛时期,他坐镇洛阳,拥兵数十万,成为当时中国最有实力的人物之一。有人曾夸张地说:“吴佩孚在洛阳打个喷嚏,北京都要下小雨。”一时有“八方风雨汇中州”之说。

不过,这位吴大帅也有许多可圈可点之处。

民国初年,当时的国会居然通过一项决议,要把紫禁城里最精华的太和殿、中和殿和保和殿拆毁,在原地建设所谓的西式议会大厦。现在听起来,那可是一件匪夷所思的事,但在那年头确确实实发生了。坐镇洛阳的吴佩孚惊闻此讯,立刻通电大总统、总理、内务总长、财政总长四位,而偏偏不给当事者——参众两院院长。

“何忍以数百年之故宫供数人中饱之资乎?务希毅力惟一保存此大地百国之瑰宝。无任欣幸。盼祷之至!”

电文掷地有声,令国会议员们噤若寒蝉。各报刊纷纷登载了吴氏通电,颂扬吴帅之声鹊起,抨击国会之议潮涌。故宫三大殿方幸免一劫,得以保存至今。

阿弥陀佛,这真是一件功德无量的事。

作为中国旧军阀的代表,作为逆革命潮流而动的势力,吴佩孚还是在北伐革命军的围剿下兵败。随后他便流寓于四川各地,再后来他不得已定居北京做起了寓公。

吴佩孚饱读圣贤之书,一生坚守三条信念:不敛财,不纳妾,失意后不进租界,这一切他都做到了。1935 年,日本侵略者为了分裂中国而搞“华北自治”,请他上台当傀儡,他坚决拒绝;1938 年 6 月,伪“华北临时政府”与伪南京“维新政府”合并,请他出来当官,他也不答应。有一次,日军头目又上门游说他上台当傀儡,他将日本人带到后院的一处房屋前,推开门,指着厅堂中的一具漆黑的棺材说道："我早已将生死置之度外。"日本人悻悻而回。终于在1939年12月，吴佩孚因吃饺子被骨屑伤了牙龈而就医，受日本特务土肥原的指使，日本牙医将其毒杀。

吴佩孚维护民族大义，保持了晚节，抗战胜利后国民政府为他举行了国葬，追赠为陆军一级上将。

吴佩孚做寓公时曾自撰一副对联，很能表达他晚年的生活状态和心境：

得意时清白乃心，不纳妾、不积金钱，饮酒赋诗，犹是书生本色

失败后倔强到底，不出洋、不走租界，灌园抱瓮，真个解甲归田

董必武曾对吴佩孚做出这样的中肯评价：作为军阀，吴佩孚"有两点却和其他的军阀截然不同。第一，他生平崇拜我国历史上伟大的人物关、岳，他在失败时，也不出洋，不居租界自失。第二，吴氏做官数十年，统治过几省的地盘，带领过几十万的大兵，他没有私蓄，也没置田产，有清廉名，比较他同时的那些军阀腰缠千百万，总算难能可贵"。

"何日奉命提锐旅，一战恢复旧山河！却归来，永作蓬山游，念弥陀。"这是吴佩孚所填写的一阕《满江红 · 登蓬莱阁歌》的最后两句，据说还曾谱曲作为军歌在他的部队里传唱。或许我们可以在这里找到他欣然应邀书写《扬州长生古寺弥勒楼阁颂》的注脚。

一位超度自己的人

yi wei chao du zi ji de ren

焦山碑刻博物馆内有一方石刻，内容是佛经《般若波罗蜜多心经》，书写者为民国时期的风云人物戴传贤。

全文如下：

观自在菩萨，行深般若波罗蜜多时，照见五蕴皆空，度一切苦厄。舍利子，色不异空，空不异色；色即是空，空即是色。受、想、行、识，亦复如是。舍利子，是诸法空相：不生不灭，不垢不净，不增不减。是故空中无色，无受、想、行、识。无眼、耳、鼻、舌、身、意。无色、声、香、味、触、法。无眼界，乃至无意识界。无无明，亦无无明尽；乃至无老死，亦无老死尽。无苦、集、灭、道。无智亦无得。以无所得故，菩提萨埵，依般若波罗蜜多故，心无挂碍。无挂碍故，无有恐怖，远离颠倒梦想，究竟涅槃。三世诸佛，依般若波罗蜜多故，得阿耨多罗三藐三菩提。故知般若波罗蜜多，是大神咒，是大明咒，是无上咒，是无等等咒，能除一切苦，真实不虚。故说般若波罗蜜多咒，即说咒曰：揭谛揭谛，波罗揭谛，波罗僧揭谛，菩提萨婆诃。

戴传贤（1890—1949 年），字季陶，原籍浙江吴兴，生于四川广汉。早年东渡留日，加入同盟会，

《般若波罗蜜多心经》碑刻

十九岁即任上海《天铎报》主笔，也算是中国新闻界的前辈人物。那时的戴传贤才气纵横，笔扫千军，是当时著名的左派与思想界冲锋人物，寰内学界颇享盛名，更是青年学子崇拜的偶像。

不过，那时戴传贤不叫戴传贤，而叫戴天仇，意为与清王朝不共戴天，革命斗志溢于言表。辛亥革命后，清朝覆灭，戴天仇认为大功告成，遂投身上海交易所，改名戴季陶，寓意为接续春秋时期天下第一富的陶朱公，希望成为陶朱公第二，在交易所一展抱负得富称霸。1925 年 3 月孙中山去世，他自负孙门嫡传弟子，再度改名为戴传贤，意为继承孙中山革命传统，要将孙先生的贤德传递下去。

戴传贤博览群书，有很深的文化功底，书法也相当了得，其书法作品常常出现在当今的文物拍卖会上。从历史的角度看，书录《般若波罗蜜多心经》的一般多为高僧、书法家和文人雅士，而像戴传贤这样的政治活动家确为少见。

戴传贤书录《般若波罗蜜多心经》绝非偶然，这位想要继承孙中山革命传统的斗士、中共早期发起人之一，其革命意志却十分脆弱，后来居然投江寻死，让江上渔夫给捞起。此后，他又成为佛教信徒，法号“不空”。

作为民国史上的风云人物，戴传贤做过孙中山的机要秘书，后又紧随蒋介石，成为蒋的忠诚谋士。

1948 年 12 月 25 日，中共中央通过新华社公布了 43 名国民党战犯名单，戴传贤就名列其中。

1949 年 2 月 12 日，眼见大势已去的戴传贤，在广州选择自杀结束了自己的生命。

戴传贤数易其名，不仅说明他本人不甘寂寞追潮趋时的浮躁心理，也从细小之处说明那一时段社会变动剧烈，人们都在紧追跟跑。戴传贤最后皈依佛门,数度寻求解脱,更是说明他感到实在无法把握时代脉跳,难测最终命运,这才无可奈何地将灵魂与信仰全都交付给如来佛祖。

《般若波罗蜜多心经》为玄奘译本,标题的概略意思是“透过心量广大的通达智慧,而超脱世俗困苦的根本途径”。《般若波罗蜜多心经》多为梵语音译,“般若”指通达妙智慧;“波罗”指到彼岸(不生不灭、不垢不净),有解脱挂碍的意思;“蜜多”意为无极,可联想比如蜜蜂采花酿蜜,能融合众多不同来源成分而归纳为一。

《般若波罗蜜多心经》首句是:“观自在菩萨,行深般若波罗蜜多时,照见五蕴皆空,度一切苦厄。”其大意是:能够自由自在地观察自身佛性之奥秘的觉者,在运用大智慧深入研究生命是如何到达光辉彼岸的过程时,真实地看到,构成宇宙万事万物的五种因素(色、受、想、行、识)原本具有可变的空态性质,没有不可变的实体,一切痛苦灾难,都能被这一空态度脱而化解掉。

《般若波罗蜜多心经》最后一句是:“揭谛揭谛,波罗揭谛,波罗僧揭谛,菩提萨婆诃。”其大意是:去吧去吧,走过所有的道路,一起去向人生的彼岸,欢呼觉悟吧。

戴传贤曾书写过这样一副楹联:

说空不是说有不是,问诸士如何下手

看真不得看假不得,在吾侪好自作人

这副楹联颇为准确、形象地刻画了戴传贤后期的矛盾、彷徨的心境,把自己超度到彼岸是他唯一的选择。

戴传贤到达彼岸了吗?

见性成佛

j i a n x i n g c h e n g f o

焦山摩崖石刻中有一方唐刻的《金刚经偈句》，是摩崖中较早的石刻之一。全碑竖式三行大字，点画浑厚遒劲，用笔方圆兼施，结体雍容大气，得自然之姿，雄伟之势。书者贞观，为隋代高僧。石刻的落款"唐僧贞观书"为刻者所加。

《金刚经》全称《金刚般若波罗蜜经》。卷末的四句偈文"一切有为法，如梦幻泡影，如露亦如电，应作如是观"被称为一经之精髓，其意为世界上一切事物都是空幻不实。

《金刚经》篇幅适中，既不过于浩瀚，又不失之简略，所以历来弘扬盛传。由于其精神与禅宗"直指人心，见性成佛"的理念相契合，《金刚经》在禅宗五祖弘忍、六祖惠能以后的禅宗具有至高无上的地位。惠能曰："先立无念为宗"，"佛法在世间，不离世间觉"。所谓无念，即虽有见闻觉知，而心常空寂之意。

其实，佛就在本心中，人人都可以成佛，正如儒家"人皆可为尧舜"的性善论一样。只要认识本心，就能成佛，即所谓"顿悟成佛"。

人来到这世界上既是一种偶然，也是一种必然，人生在世算起来也就三万多天，斩头去尾能干事的时间实在不算多，所以人总是感叹：人生苦短。于是我们总想在这不长的时间里干点儿什么，做点儿什么，至少让后人感觉到我们曾经来过这世界。建功立业，青史留名，这是积极入世者的普遍想法。

《金刚经偈句》摩崖石刻

然而消极出世者则认为一切皆为虚幻,纵然是豪气凌云的英雄,虽有千秋功业,最终也不过是古庙中的一小撮尘土。在他们看来,人生百年不过是草上偶然凝结的清霜,瞬间就化为乌有。如此说来,人生且不是毫无意义了吗?错,此谬误也。

人生的最大意义就是在有限的时间内做最大的事。真正能够领悟佛教精髓却是一件不易的事,古人云:“出家乃大丈夫事,非将相之所为。”出家非但不是“四大皆空”,弃绝人生欲望,反倒恰恰是一种义无反顾的全力以赴,直到一举一动皆有佛境。“我不下地狱,谁下地狱。”这就是佛的最高境界。

一花一世界,一叶一如来,一砂一极乐,一笑一尘埃。我们不要执着、不要留恋金钱、地位,这些真的“如梦幻泡影,如露亦如电”啊。如何达到此境界,弘一法师(李叔同)有这样一句话值得我们反复咀嚼回味,这就是:“涵养冲灵便是身世学问,省除烦恼何等心性安和。”

记不清是哪位哲人说了这样一句话:“以出世的精神,做入世的事业。”

是的,这就是佛。

唯余笔砚情犹在

wei yu bi yan qing you zai

一走近焦山摩崖石刻，元代大书法家赵孟頫所写的“浮玉”两个苍劲秀丽的大字就映入眼帘。

和现在我们看到的景象相比，七百年前的镇江，江面开阔，烟波浩渺，满目苍翠的焦山犹如一颗绿色的翡翠漂浮在波涛滚滚的长江之中。赵孟頫一定是在此情此景下来到了焦山，一定是在《瘗鹤铭》的残碑前久久不愿离去，一定是在“宝墨轩”观赏了前人的真迹，一定是在山僧的要求下泼墨挥毫写下了“浮玉”两个大字。

赵孟頫（1254—1322 年），字子昂，号松雪、松雪道人，生于吴兴（今浙江湖州），是宋太祖赵匡胤的第十一世孙，是秦王赵德芳的嫡派子孙。

作为一代书画大家，赵孟頫经历了矛盾复杂而荣华尴尬的一生。南宋被元朝灭亡后，南方的许多士大夫文人都面临着两难的选择和困惑，他们当中能以死殉节的毕竟很少，大多数还是做了贰臣，其中影响最大并让后人讥讽的是赵孟頫。他作为南宋遗逸而出仕元朝，史书上留下诸多争议。因为他是宋太祖赵匡胤的子孙，连皇子皇孙都不顾赵家天下灭亡的惨痛，甘心投靠元人，对那些讲究忠义气节的南宋逸民而言，将是何等沉重的精神打击。故当赵孟頫将出行时，好友戴表元作歌，劝其不应出仕元朝，但赵孟頫还是北上仕元了。

在异族的统治下，赵孟頫能委曲求全，也多次接

赵孟頫书“浮玉”摩崖石刻

受元朝统治者的笼络和利诱，故历仕元世祖、成宗、武宗、仁宗、英宗五朝而受到优待。元朝的统治者称赞赵孟頫操履纯正，书画绝伦，是当代的李白和苏轼，并提拔他为翰林承旨、荣禄大夫，一时恩宠有加，名扬四海。

后来，赵孟頫无法适应京城的生活，最终以病辞归江南，摆脱官场的羁绊，长期担任浙江等地的儒学提举，优游山水，醉心于书法、绘画、诗词。为表示自己并非贪图官场富贵，他多次书写陶渊明的《归去来辞》，以表心迹。

若论才艺，在元朝的南方士人里，赵孟頫堪称出类拔萃之人。他的书法追摹晋人，善篆、隶、真、行、草书，尤以楷、行书著称于世，用笔圆转流美，结体严整，风姿秀逸而有骨力，世称“赵体”。与颜真卿、柳公权、欧阳询并称为楷书“四大家”。

他以书法笔调写竹，用“飞白”法画石，清腴而以气韵取胜，被视为“南宗画”的正脉。他的诗词作品也多清逸之作，读之使人有飘飘然出尘之想。

赵孟頫一生历宋元之变，仕隐两兼。虽为贵胄，但生不逢时，在他还是青少年的时候，南宋王朝已大厦将倾。南宋灭亡后，在极度的矛盾心境下，他最终还是在元朝的宫廷里做了官，他究竟想了一些什么？是不甘就此默默无闻一生？还是立志要发扬传承中华传统文化？我们不得而知。但我们知道，作为贰臣的赵孟頫并不快活，用现在的话来说他活得很纠结，总有一种内心矛盾在时时折磨着他，有很深的负疚之感。是的，他无法从贰臣的心态中走出来，他无法解脱自己。

赵孟頫是一代书画大家，他作为南宋遗逸而出仕元朝，史书上留下诸多争议。“薄其人遂薄其书”，贬低赵孟頫的书风，根本原因是出自鄙薄赵孟頫的为人。历史上许多文人学士，因赵孟頫的仕元而对其书法水准提出种种非难，但实事求是地讲，将非艺术因素作为品评画家艺术水平高低的做法，是不公正的。

晚年，赵孟頫写了一首《自警》的诗文，颇为形象地描述了他的心境。

齿豁童头六十三，一生事事总堪惭。
唯余笔砚情犹在，留与人间作笑谈。

有小技而无大节

y o u x i a o j i e r w u d a j i e

《第六世振声公捐产兴学碑记》记载了陶氏家族一位先人捐出家里的部分田产来兴办私塾教育家族后代的事迹。碑文由曾经任伪满洲国总理大臣的郑孝胥书写，书法遒劲娴丽。我想绝大部分来碑刻博物馆参观的游客不会去探究碑文的内容和历史背景，往往会将关注的目光集中在书写者郑孝胥的身上。

郑孝胥（1860—1938年），近代政治人物、书法家，福建闽侯人。清光绪八年（1882年）举人，曾历任广西边防大臣，安徽、广东按察使，湖南布政使等。如无辛亥鼎革，郑孝胥的仕途可能是一马平川、飞黄腾达，官拜总督亦未可知。

“龙岂池中物，乘风欲上天。”正当郑孝胥官运亨通、炙手可热，拟放手大干之际，却被辛亥革命一盆冷水当头浇下，断送一片锦绣前程，心中岂有不恼怒之理？

从辛亥革命推翻清王朝统治开始，郑孝胥便以逊清遗老自居，他对新成立的“中华民国”深恶痛绝，与其不共戴天。他不但不做民国的官，就连书法题词，写信作文，一律不用民国的年号。

大概郑孝胥觉得自己怀才不遇，好不容易才挤进清皇室的政治中心，企图利用这个平台达到自己的政治目的，却被辛亥革命的风暴扫下政治舞台。心存不甘的他主动帮助溥仪复辟，成为溥仪复辟“大

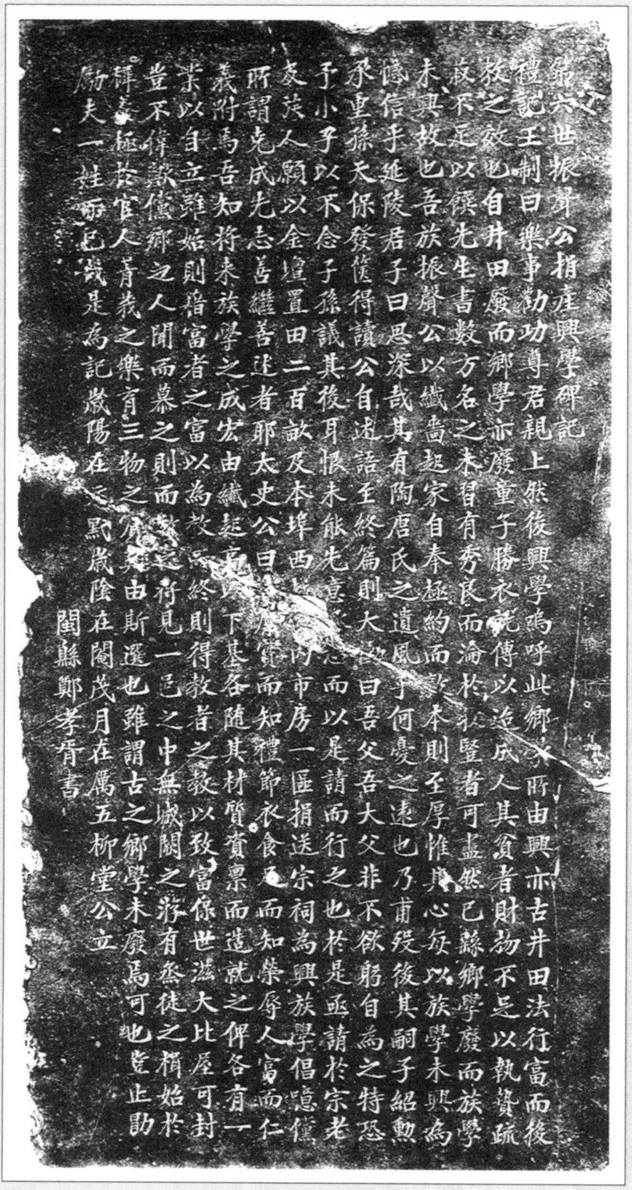

第六世振聲公捐産興學碑記

禮記王制曰樂事勸功尊君親上然後興學嗚呼此鄉[illegible]所由興亦古井田法行富而後教之效也自井田廢而鄉學亦廢童子勝衣就傅以迨成人其貧者財力不足以執贄疏薪不足以供先生書數方名之未習育秀良而淪於[illegible]豎者可盡然已縣鄉學廢而族學未興故也吾族振聲公以纖嗇起家自奉極約而[illegible]本則至厚惟其心每以族學未興為憾信乎延陵君子曰思深哉其有陶唐氏之遺風乎何憂之遠也乃甫殁後其嗣子紹勳承重孫天保發篋得讀公自述語至終篇則大書曰吾父吾大父非不欲躬自為之特恐予小子以不念子孫議其後耳恨未能先意[illegible]而以是請而行之也於是亟請於宗老及族人願以金壇置田二百畝及本埠西[illegible]市房一區捐送宗祠為興族學倡噫僅所謂克成先志善繼善述者耶太史公曰倉廩實而知禮節衣食足而知榮辱人富而仁義附焉吾知將來族學之成宏由纖起高[illegible]下基各隨其材質資稟而造就之俾各有一業以自立雖始則指富者之富以為教[illegible]終則得教者之教以致富係世滋大比屋可封豈不偉歟儀鄉之人聞而慕之則而[illegible]將見一邑之中無缺闕之浮有參徒之稍始於釋義極於官人育義之樂育三物之[illegible]其由斯選也雖謂古之鄉學未廢焉可也豈止勖勵夫一姓而已哉是為記歲陽在[illegible]默歲陰在閼茂月在厲五柳堂公立

閩縣鄭孝胥書

《第六世振声公捐产兴学碑记》碑刻

业”的“左膀右臂”。于是他积极奔走,上蹿下跳,主动投靠日本人,1932 年任伪满洲国总理大臣兼文教总长。后日方见郑孝胥难以驾驭,以其年高“倦勤思退”为名,不要他了。最终郑孝胥暴病死于长春,也有人说他是被日本人害死的。现世存《海藏楼杂诗》和《郑孝胥日记》。

郑孝胥虽大半生活跃于政治舞台,然从不废临池。他的书法无论笔墨内涵,还是艺术境界,无不散着股“翰逸神飞,立异标新”的思想大境,在民国书坛中可谓一枝独秀,望重于艺林。沙孟海先生曾赞其作“笔力很坚挺,有一种清刚之气”。郑孝胥书法灵妙自然,天机偶成,盈尺中溢着静雅的书卷之气。

郑孝胥的书法取径欧阳询及苏轼,而得力于北魏碑版。所作字势偏长而苍劲朴茂。郑孝胥是近代书家中很有个性特点的一位,曾经有“郑孝胥一字换一斗米”的说法。至今他的书法作品在拍卖市场上都有很高的价位。

纵观郑孝胥一生,其才可羡,其行可恨,其心可哀,其死可叹。郑孝胥晚节不保,为人们所不齿,朋友与他断交,可谓众叛亲离。

郑孝胥有小技而无大节,当为世人戒。

双面人生

shuang mian ren sheng

焦山摩崖石刻中有一方康有为的题名石刻，全文如下：

戊午四月，康有为四游焦山，烽火遍地弥欧亚。吾经劫后，乃与陈默偃息林石也。

石刻通篇仅31字，寥寥数语，要读懂它需先了解这一段历史。1917年6月，在康有为的积极蛊惑下，张勋率五千“辫子兵”进京，把12岁的溥仪抬出来宣布复辟，康有为也被封为“弼德院”副院长，史称“张勋复辟”或“丁巳复辟”。复辟仅12天就破产，康有为理所当然遭到通缉，这位康圣人不得不隐匿在镇江茅山。次年，也就是1918年（戊午年）春，待形势有所缓和，颇为落魄的康有为第四次来到焦山并留下了题名石刻，字里行间，其失落的状态显现无遗。

康有为是中国近代历史上一位不可或缺的人物，许多历史事件都与他有关，诸如“公车上书”“戊戌变法”“张勋复辟”等，处处都有他的身影，可谓声名远扬。

康有为的书法世称“康体”，他留下的作品在如今的拍卖市场上行情看涨。但对其书法的评价却是见仁见智，褒贬不一：有人说是古拙浑重，不拘一格，别开生面；也有人说是多松散虚空，少凝敛紧实；更有甚者通过他的字可窥见其机心浑浑，一如他的为人做事，要么是炫目惑人，要么是别有用心。

康有为题名石刻

不过，康有为的书学论著《广艺舟双楫》，以宏富而鲜明的书学理论在中国近代书法史上夺得一席之地。他积极提倡、推广碑学，攻击、抑制帖学。这一立场在当时得到了广泛的支持，究其原因在于，帖学发展至近代已走向一味求媚、不避靡弱的边缘。康有为虽身处其中，却由于见闻甚广，故而心游万仞，从帖学中挣脱出来，振臂一呼，便很快赢得了诸多有识之士的共鸣，加之金石考据之学大兴，于是碑学盛极一时。康有为在书学理论上虽持见多有偏激，但其贡献还是值得后人肯定的。

纵观康有为的一生，我们会发现他并不满足做个学者。他热衷的是仕而不是学，虽然没能走通科举取士的路子，但却尝到了贩卖正义和妖言祸帝的甜头。即便是在和辫帅张勋联手扶溥仪复辟登基失败后，他还在到处奔走游说，寻机东山再起。他手握笔杆子，却处处寻找枪杆子。吴佩孚五十大寿，康有为以为机会来了，屁颠屁颠地亲赴洛阳祝寿，并拟寿联为：牧野鹰扬，百岁功名才半世；洛阳虎踞，八方风雨会中州。一副媚态，令人作呕。

这位康圣人，和我们镇江茅山有着不解之缘。1916 年夏，有位茅山道士到上海找到康有为，邀请他到素有“秦汉神仙府，梁唐宰相家”的茅山一游。康有为对于那位被称为“山中宰相”的陶弘景仰慕已久，故欣然前往。他到茅山后，住在乾元观，并将当初陶弘景住过的萃黄馆改为宰相堂。后来，他又在华阳洞口书写了“山中宰相陶弘景，海外逃臣康有为”的对联，自喻身居深山，胸怀国家之志。这次，他在茅山住了将近一年时间。在康有为的积极蛊惑下，张勋复辟的丑剧仅上演了 12 天，就匆匆收场。康有为遭通缉，潜逃上海，此后又长期隐居茅山。

提及康有为的人品，清朝遗老辜鸿铭有这样的评价：“康有为人品鄙劣，计划虚夸不实”，“自私自利而具野心，但又缺乏经验、判断力和方向”。

康有为一生中，据说共娶了六位太太，其中一位是日本人。他19岁娶22岁的大夫人张云珠，39岁娶18岁的二夫人梁随觉，51岁娶17岁的何旃理为三夫人，55岁娶日本16岁的市冈鹤子为四夫人，60岁又娶廖定征为五夫人，62岁娶19岁的张光为六夫人。有了六位夫人还不够，康有为依然风流无度，风月场上总可以见到拖着一根长辫子倚红偎绿的当世“圣人”。

在陆乃翔、陆登骙所著的《康南海先生传》中说：“他每天戒杀生，而日日食肉；每天谈一夫一妇，而自己却因无子而娶妾；每天讲男女平等，而其本家之女子未尝独立；每天说人类平等，而自己却用男仆女奴。”这就是康有为，既想改革也要保皇，既想做圣人也想做公民，既要变法图强也好大喜功。

他的“为”不掩他的“伪”，他身上有光明也有黑暗，一半是火焰一半是海水！

每逢历史大变革时期，总有这样一些人物出现，一方面他们个人品行低下，劣迹斑斑；另一方面他们的思想前卫，易接受新思想、新思维。他们行为偏激，易走极端，四方奔走，善于投机；他们躲在历史舞台的一角，窥测方向，随时准备登台摇唇鼓舌，舞枪弄棒，沽名钓誉。客观上他们顺应了历史的潮流，成就了事业，享受了历史变革给他们带来的实惠，他们一面鼓吹冠冕堂皇的正义理论，一面又干着卑鄙无耻的勾当，这样的人历史上并不少见。

人书俱老

r e n s h u j u l a o

登上镇江北固山，迎面就能看见“天下第一江山”六个大字。南朝大同十年（544 年）三月，梁武帝萧衍登临北固山，面对雄伟壮观的景色，即兴挥毫写下“天下第一江山”六个大字，后佚。六百多年后，南宋书法家吴琚重书并刻于石上，又不幸毁损。现在我们见到的这方石刻系清康熙四年（1665 年）镇江府通判程康庄所摹吴琚手迹。这镌刻在石壁上的六个大字显得沉雄平稳，八面呼应，它为这座江左名山增添了无限的风光，镇江人每每到此，总是驻足凝视，自豪之情溢于言表。

在镇江焦山摩崖石刻中也有一方吴琚的《游焦山观瘗鹤铭有作》，是摩崖石刻中的代表作，刻于南宋淳熙十一年（1184 年）。

是年春季，已是迟暮之年的吴琚再次登临焦山，寻访千古奇刻《瘗鹤铭》。诗中描绘了焦山春季旖旎的风光，感到六朝石刻《瘗鹤铭》品味不尽，叹息自己在书艺上“习气未扫除”，却已“齿发恨迟暮”。

全文如下：

昔爱山樵书，今踏谯山路。
江边春事动，梅柳皆可赋。
荦确石径微，白浪洒衣屦。
临渊鱼龙惊，扪崖猿鸟惧。
古刻难细读，断缺苍藓护，
岁月岂易考，书法但增慕。

《游焦山观瘗鹤铭有作》石刻

镇江北固山的“天下第一江山”石刻

摩挲发三叹，欲去还小住。

习气未扫除，齿发恨迟暮。

华亭鹤自归，长江只东注。

寂寥千古意，落日起烟雾。

吴琚还有一首词也与焦山有关，只不过没有刻在摩崖上。全词如下：

念奴娇·题浮玉石篺山

我来浮玉，似凭陵沧海，蹑金鳌背。又若骑鲸游汗漫，飞入八荒之外。钟鼓传声，楼台倒影，不类人间世。徘徊吟眺，恨无陶谢酬对。

今古潮落潮生，问英雄多少，与江俱逝？直欲乘风归阆苑，疑是三生习气。未辨鱼蓑，先盟鸥鹭，奈卜邻无地。从今清夜，梦魂应绕空翠。

吴琚，南宋书法家，字居父，号云壑，今河南开封人，生卒年均不详，约宋孝宗淳熙末前后在世，主要活动于孝宗、光宗和宁宗三朝。

史书记载，吴琚好书画、工诗词，尤精翰墨，孝宗常召之论诗作字。著述有《云壑集》，传世书迹有《观伎帖》《与寿父帖》《焦山题名》《行书诗帖》《碎锦帖》《七言绝句》等。《行书诗帖》现藏故宫博物院。

吴琚师从米芾，其书多有米氏趣味。不过，他们的性格却有很大的差异，米芾生性狂放怪诞，吴琚性情温和内敛。所以尽管吴氏学米书可以达到乱真的地步，但由于性格的原因，吴琚的书法显得俊逸俏丽。董其昌对吴琚的书法有这样的评述：“书似米元章，而俊俏过之。”

吴琚的书法运笔内敛，落笔沉雄，结构舒畅，八面呼应，稍运即止，灵动清秀，达到人书俱老的至高境界。

宗教争分背后的政治较量

zongjiao zhengfen beihou de zhengzhi jiaoliang

焦山碑林中有一方石刻，在将近三十年的时间内一直被标为“清·俞森临王羲之《破邪论序》”。其实，这是一个错误的标示，典型的张冠李戴。更令人无语的是，这错误的判断误导了许多人，乃至在一些介绍镇江名胜古迹的书籍里都引用了这个错误的判断，似乎王羲之真的写过一篇政论文《破邪论序》。其实，《破邪论序》是初唐虞世南的一篇文章，因其书法颇见功力，故被书者推崇，历代都有书法家临摹，清代的俞森就是其中一位。只要认真查阅史料，我们就能知道，当《破邪论序》这篇文章问世时，晋代的王羲之已经去世260年了。

虞世南(558—638年)是初唐颇有影响的一个人物，他不但书法冠绝一时，而且为人正直，性情刚烈，议论持正，敢于进谏。他的《破邪论序》是中国书法史上占有重要地位的一件作品。这里有必要介绍一下《破邪论序》产生的历史背景。

唐武德四年(621年)，太史令傅奕做《请废佛法表》，上呈高祖，列举十一条，述说社会上修建太多的寺院佛塔、奉养太多的僧尼，对国计民生有害，因此主张废除佛教、命令沙门还俗。

我们知道，初唐的宗教政策是“扬道抑佛”。因为唐朝的皇帝姓李，所以从李渊起皇帝就以教主的后裔自居，以此遮掩唐宗室原为北魏拓跋氏之后的事实，力图抬高唐王朝的社会地位。总而言之，李氏

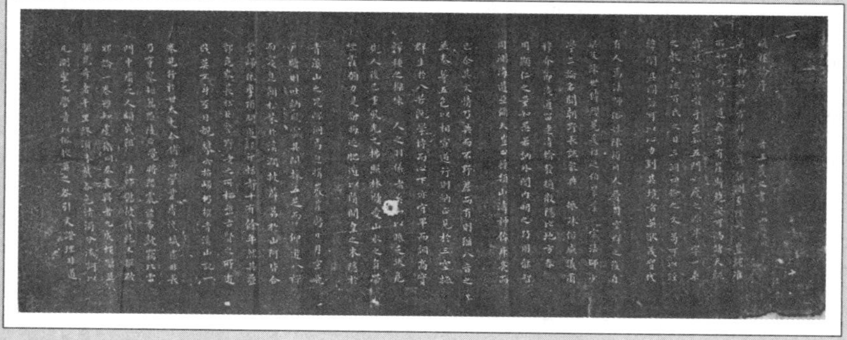

《破邪论序》碑刻局部

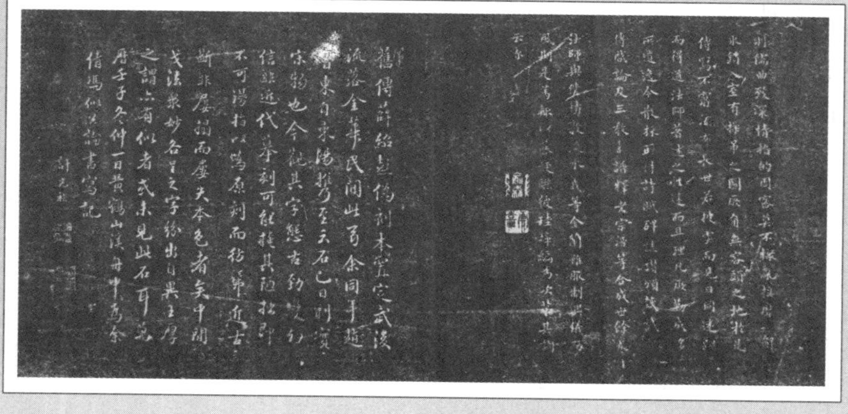

《破邪论序》碑刻局部

王朝积极扶植道教，目的就是借助神权来巩固皇权。

不过，唐高祖李渊老谋深算，尽管傅奕的《请废佛法表》说出了他的心里话，但从巩固初唐的皇权出发，防止政治上出现更大的波动，李渊做出一个政治姿态，请当时的高僧济法寺沙门法琳谈谈意见。法琳当然据理为佛教辩护，李渊无词以对，权衡利弊，便决定将傅奕奏事搁置一旁。

然而，傅奕却不愿就此罢休，索性将奏事内容公开。他在奏文中称佛徒为“秃丁”“胡鬼”，一时社会上出现了鄙视、歧视佛教徒的风气。

对此，佛教界岂能善罢甘休，于是佛教界的高僧和学者们纷纷著文反驳，其时的高僧普应撰《破邪论》二卷、居士李师政撰《内德论》《正邪论》，为佛教辩护。而高僧法琳所撰《破邪论》二卷，干脆以道教学说为批判对象，论证道教之说于世有害。其时，虞世南是朝廷的秘书监，相当于现在的国家图书馆馆长，他亲自为《破邪论》做编辑，并且撰写序言，这就是《破邪论序》的来龙去脉。

由此可见，虞世南不只是一位书法家，也是一位有自己学识见解的学者。我们现在的人往往是看重他的字，而古代人更看重他的文。虞世南作为一名文化人士，直接参与了重大的学术活动和思想辩论。看来，许多重要的书法作品不仅是作者艺术修养的体现，更是历史变迁、政治思想、宗教文化等各种运动的产物。

《破邪论序》收入《虞秘监集》及历代书法论著中，传世刻本有款署“太子中书舍人虞世南撰并书”“太子中书舍人吴郡虞世南撰并书”两种。《破邪论序》在用笔上吸收了二王以来的名帖之长，布局疏朗而不失紧密，灵动自如，秀雅静和，接晋唐小楷之正脉。《唐人书评》云：“世南书迹本自希，而楷法尤不易得。小者唯《破邪论序》，稍大者《孔子庙堂碑》而已。《破邪》积能之极，几夺天巧。所谓不入二王之室，犹似不能忘情于蹊径耳。”

虞世南的《破邪论序》现有两种藏本，分别是美国安思远藏本和日本三井高坚藏本。

鹤鸣九皋

h e m i n g j i u g a o

汉代蔡邕的《焦君赞》，位于焦山的摩崖石刻上。全文如下：

猗欤焦君，常比玄墨。衡门之下，栖迟偃息。泌之洋洋，乐以忘食。鹤鸣九皋，音亮帝侧。乃征乃用，将受衮职。昊天不吊，贤人遘慝。不惟一志，并此四国。如何穹苍，不昭斯惑？惜哉朝廷，丧兹旧德！恨伊学士，将何法则。

蔡邕（132—192 年），字伯喈，东汉辞赋家、散文家、书法家，陈留圉（今河南杞县）人，博学多识，擅长辞章，并精通音律。桓帝时，宦官专权，听说他善于鼓琴，于是奏请天子令陈留太守督促他入京。蔡邕行至偃师，称疾而归。灵帝时召拜郎中，校书于东观，迁议郎。熹平四年（175 年），曾上奏请求正定《六经》文字，蔡邕自写经文，刻碑石立于太学门外，世称“熹平石经”。后因弹劾宦官，被流放朔方。遇赦后，不敢归乡里，亡命于今江浙一带有 12 年之久。献帝时董卓强迫他出仕，并扬言如若不从，便杀了他全家。蔡邕无奈，只好坐着牛车赶赴洛阳任职，据说官还做得很大，半年之内连提三级，位至三公。后董卓被诛，蔡邕理所当然的被捕，最后死于狱中。在中国历史上，文人卷入政治漩涡，其下场总是很惨的。

蔡邕曾著诗、赋、碑、诔、铭等共 104 篇，后人辑为《蔡中郎集》。其散文典雅，尤擅碑记，多用骈文。

焦山摩崖石刻

另外，蔡邕书法精妙，尤工隶书，影响甚大。

蔡邕文中的"焦君"是指东汉末年的高士焦光，是与蔡邕同时代的人。汉献帝曾三次下诏书召他进京为官，焦光皆婉言谢绝，不得已隐居焦山。如今，焦山还有"三诏洞"，里面供奉着焦光的塑像。

其实，在中国古代真正的隐士还是少数，历史上的大多数知识分子还是希望通过出仕为官实现自己的抱负，以光宗耀祖，荣华富贵。在多数情况下，他们或奔走于权门，或角逐于官场。他们大都先仕而后隐，不然百姓一个，已落至尘埃，又何须去隐？但凡做隐士的男人当初没有不想"仕"的，因为"仕"在当时是体现人生价值的唯一途径。君不见当年的姜太公，七八十了还没有放弃这个追求，天天提个渔竿到渭水边琢磨事，还别说，最终还真"钓"出了一番功名。

但社会现实是残酷的，这就迫使他们为了人格的尊严和人性的完善，只好隐退，从庙堂之高转而处江河之远，政治抱负不能实现进而转向精神上的自我完善。

焦光也好，蔡邕也好，他们清楚自身的力量不足以对付强大的社会现实，只有逃脱、避世。鹤鸣九皋可能是他们的最好选择，因为他们是弱者，当然他们更是智者。

焦山碑林中有颜真卿《题多宝塔五言诗》碑刻，计 30 首 44 块。说到颜真卿的书法，不能不提到《大唐西京千福寺多宝塔感应碑》，此碑书于唐玄宗天宝十一年(752 年)，其时颜真卿四十三岁，是他的早期成名之作，现藏西安碑林。碑文写的是西京龙兴寺和尚楚今静夜诵读《法华经》时，仿佛时时有座多宝佛塔呈现眼前，他决心把幻觉中的多宝佛塔变为现实，天宝元年选中千福寺兴工，四年始成。

颜真卿在《大唐西京千福寺多宝塔感应碑》书法中，初步形成了笔力贯注厚重，行笔映带丰腴的风格。通篇端庄秀丽，笔画粗细相衬，一撇一捺显得静中有动，飘然欲仙；结构平稳严谨，一丝不苟，匀称缜密，墨酣意足，在笔墨流动处颇显媚秀之姿。

颜真卿的书体被称为“颜体”，与柳公权并称“颜柳”，有“颜筋柳骨”之誉。颜体书对后世书法艺术的发展产生了深远影响，唐以后很多名家，都从颜真卿变法成功中汲取经验。

中国传统文化非常重视一个人的道德水准，注重书法家的人品，在评价书法作品时历来书品、人品相提并论。书以人重，反之，书法再好，也会因书者的不耻行径遭世人唾弃。

颜真卿是唐开元二十二年(734 年)的进士，曾四次被任命御史，为监察迁殿中侍御史。因受到当时的权臣杨国忠的排斥，被贬黜到平原(今山东德州

颜真卿《题多宝塔五言诗》碑刻其一

颜真卿《题多宝塔五言诗》碑刻其二

陵县)任太守,人称“颜平原”。德宗兴元元年(784年),淮西节度使李希烈叛乱,奸相卢杞欲趁机借李希烈之手杀害他,派其前往劝谕,被李希烈缢死。闻听颜真卿遇害,三军将士痛哭失声。

半年后叛乱平定,颜真卿的灵柩得以护送回京,厚葬于颜氏祖茔。德宗下诏废朝八日,举国悼念。德宗亲颁诏文,追念颜真卿的一生是“才优匡国,忠至灭身,器质天资,公忠杰出,出入四朝,坚贞一志,拘胁累岁,死而不挠,稽其盛节,实谓犹生”。

颜真卿秉性正直,笃实纯厚,有正义感,从不阿于权贵,曲意媚上,以义烈名于世。

这里不得不提的是颜真卿的另一件书法作品——《祭侄季明文稿》,这是颜真卿追祭从侄颜季明的草稿。对兄侄为国家壮烈牺牲和颜氏家族的“巢倾卵覆”忠义满腔,悲愤异常,用笔之间情如潮涌,不计工拙,一气呵成,常常写至枯笔,更显得苍劲流畅,其英风烈气,倾见于笔端,悲愤激昂的心情流露于字里行间。

颜真卿侄季明与其父杲卿于至德元年(756年)间殉安史之乱后,颜真卿于乾元元年(758年)祭侄灵前,在极度悲愤中写下此稿。此稿意不在书而在天机自动,如熔金出冶,随地流走,一泻千里,时出遒劲,杂以流丽。如苏东坡所说“书法无意乃佳”,此稿被人称为“天下第二行书”,与王羲之的《兰亭序》媲美。

《新唐书·颜真卿传》用这样一句话作结束语:“呜呼,虽千五百岁,其英烈言言,如严霜烈日,可畏而仰哉!”

欧阳修曾说:“颜公书如忠臣烈士,道德君子,其端严尊重,人初见而畏之,然愈久而愈可爱也。其见宝于世者有必多,然虽多而不厌也。”

苏轼云:“诗至于杜子美,文至于韩退之,画至于吴道子,书至于颜鲁公,而古今之变,天下之能事尽矣。”

孟子曰:“我善养吾浩然之气。贫贱不能移,富贵不能淫,威武不能屈,此之谓大丈夫。”

颜真卿就是这样一位大丈夫,他的书法上下千年,纵横万里,后人莫不衣钵相沿。

自成一家始逼真

焦山碑林有一方石刻《蓄狸说》，原标示为北宋书法家黄庭坚书写。

黄庭坚（1045—1105 年），字鲁直，自号山谷道人，晚号涪翁，又称豫章黄先生，汉族，洪州分宁（今江西修水）人。北宋诗人、词人、书法家，为盛极一时的江西诗派开山之祖。在诗歌方面，他与苏轼并称为“苏黄”；在书法方面，他与苏轼、米芾、蔡襄并称为“宋代四大家”。

《蓄狸说》是唐代文学家杨夔的作品。杨夔，生卒年均不详，约唐昭宗光化末（约公元 900 年）前后在世。杨夔终身不仕，以处士终。其文颇有气势，《蓄狸说》《善恶鉴》《植兰说》等皆为佳篇。

《蓄狸说》全文如下：

> 敬亭叟家毒于鼠暴：穿墉穴墉，室无全宇；咋啮篚筐，帑无完物。及赂于捕野者，俾求狸之子，必锐于家畜。数日而获诸汴。欢逾得骏。饰茵以栖之，给鳞以茹之。抚育之厚，如字诸子。其攫生搏飞，举无不捷。鼠慑而殄影。暴腥露膻纵横，莫犯矣。然其野心常思逸于外，罔以子育为怀。一旦怠其绁，逾垣越宇，倏不知其所逝。叟惋且惜，涉旬不弭。弘农子闻之曰：“野性匪驯，育而靡恩，非惟狸然，人亦有旃。梁武于侯景，宠非不深矣；刘琨于疋磾，情非不

《蓄狸说》碑刻

至矣。既负其诚，复返厥噬。呜呼！非所畜而畜，孰有不叛哉。”

作为一个文人，黄庭坚的官做得实在不大，什么国子监教授、校书郎、秘书丞等之类，都是一些闲差。尽管如此，黄庭坚还是仕途多舛，屡屡遭贬，最后死于宜州贬所。

“投荒万死鬓毛斑，生出瞿塘滟滪关。未到江南先一笑，岳阳楼上对君山。”这是黄庭坚很有名的一首诗，面对坎坷的人生，他用朗朗的一笑，泯灭了所有的坎坷与艰辛。登高望远，洞庭湖烟波浩渺，洗净了斑白双鬓的愁思；波光万顷，映照出豁达洒脱的胸怀；凌风而动，留下了沉醉于美景的闲情逸致。

黄庭坚的书法前后风格变化很大，存世的许多作品都没有年款，故确定系年颇为不易。史书记载，明清以后，仿黄庭坚书法成为一种风气，流传于世的书迹颇多，很多都是托名之作，一时良莠相杂，真伪难辨。

据说，收录黄庭坚书法作品最多的日本二玄社出版的《黄庭坚》共收作品 80 余件，其中误收伪迹就多达 20 多件；荣宝斋出版的《中国书法全集·黄庭坚卷》也误收伪迹 2 件。

近年，江西美术出版社出版的《黄庭坚书法全集》是一部经多年精心准备，有史以来第一次全面收集、整理黄庭坚作品的大型书法文献，具有很高的学术价值，对研究黄庭坚书法有非常好的参考价值且收入作品齐全、准确。该书收入目前存世的黄庭坚书法真迹共计 100 余件（其中墨迹 42 件，碑帖拓本 70 多件），每一件作品均有详尽的考证和注释，同时对 70 多件伪托黄庭坚作品进行了整理，并附录图版。

据此，有学者认为这《蓄狸说》的书法是托名之作，并非黄庭坚本人所书。

天圆地方

t i a n y u a n d i f a n g

每次陪朋友到焦山碑刻博物馆参观，看到那四四方方的石刻《禹迹图》，就不由想起“天圆地方”这四个字来。

“天圆地方”是古代华夏人的地理观。古代华夏人将世界称为天下，认为“天圆地方”，所谓“天似穹庐，笼盖四野”就是这个意思。自己处在圆形天下之中，所以自称“中国”，这个观念延续了几千年，“中国”的名称一直沿用至今。古人的这种天下地理观，对我国历代的政治生活产生了深刻的影响。

《禹迹图》是我国迄今发现最早的“计里画方”地图，长宽各1米多。图上有横70、竖73，共计5110个方格，每方折百里，比例尺约为1∶1800000。图面标志的范围，东至黄海岸边，西至青海祁连山，南至海南岛，北至黄河边沿，标有主要山水的位置和州郡的名称，反映了我国宋代的地理面貌。图上着重表示水系，有黄河、长江、珠江及其支流形状，洞庭湖、鄱阳湖、太湖、洪泽湖等大湖的位置以及海岸线的轮廓，与现今地图的表示比较接近。

图中尚保存有部分唐代地名，可推知系根据贾耽的《海内华夷图》中《禹贡》九州部分缩制，因而称为《禹迹图》。

中国古代地图是中国历史的时空缩影，反映了中国历代的疆域开拓、政区划分、城市营建、江河治理、交通开辟等历史实践，有着文字资料不可替代的

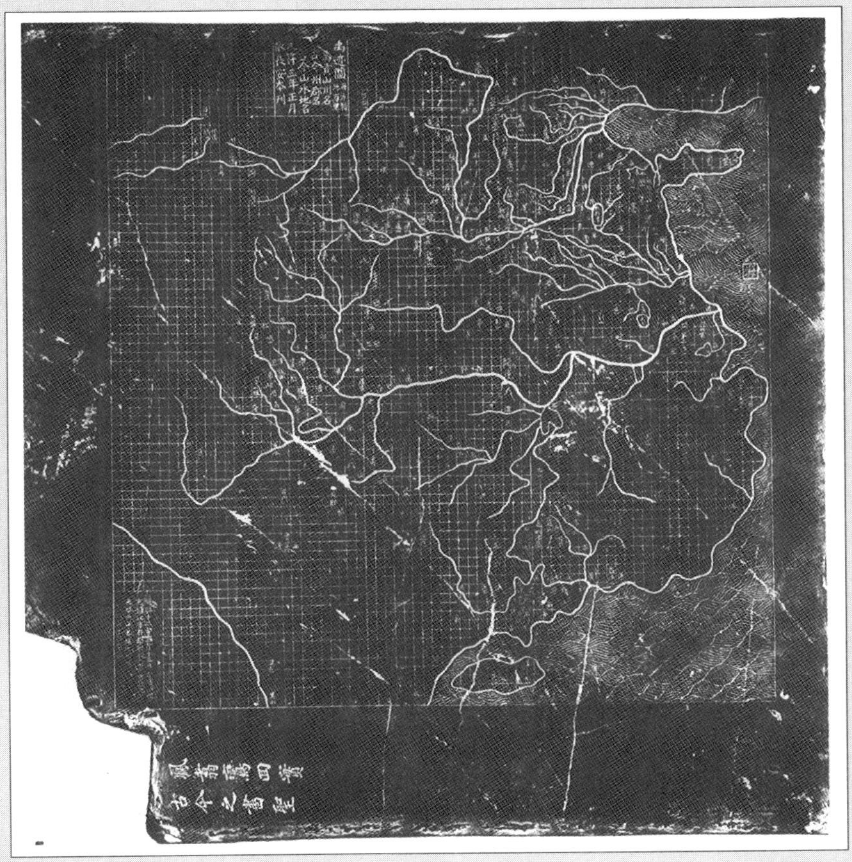

《禹迹图》石刻

直观性和形象性，因而具有不可或缺的历史价值。

西安碑林博物馆也有一方《禹迹图》，和镇江焦山碑刻博物馆的一样。全国仅存两方石刻《禹迹图》，可见，焦山碑刻博物馆的《禹迹图》确为稀罕之物。

据说，美国国会图书馆地图部所藏最早的中国地图是1136年刻绘的《禹迹图》的十九世纪拓本。英国研究中国科学技术史的权威学者李约瑟在其《中国科学技术发展史》中，即称此图是“当时世界上最杰出的地图，是宋代制图学家的一项最大成就”。

我们正在进入一个以图像和影像资料来获取信息的“读图时代”，而古地图也越来越多地证明其不可替代的文献价值，并展现出其在传播中华文化方面的独特作用。中国古代地图可以引领我们穿越历史的尘烟，进入奇妙的时空隧道，领略中国历史的发展变迁，感悟其中蕴含的中华文化。

墓志铭是对逝去的人的一种最终评价。墓志是刻在石碑上的死者的简要生平，将持家、德行、学向、技艺、政绩、功业等大小事情，浓缩为一份个人的历史档案。中国人历来讲究立德、立言、立行，死后要将这些都写进墓志，以求人死留名。

焦山碑刻博物馆有多方墓志铭，分别是《唐·陇西李府君墓志铭》、《唐·故殷府君墓志》、《宋·故李公叔子墓志铭》、《宋·故光禄卿致仕章公墓志铭》、明文徵明书《钱屋舟之配孺人费氏墓》和《故儒医戈斋钱君之墓》等。尽管这些铭文都比较简单，但足以让我们对这种文体有一个初步的认识。

最早的墓志铭大约出现在刘宋大明八年（464年）。到了南北朝后期，墓志逐渐定型，志石多呈方形，埋于坟前。隋唐以后，志文的内容也逐渐形成一种固定的文体，多用散文撰写，叙述死者的姓名、籍贯、生平事略；铭则用韵文概括全篇，赞扬死者的功业成就，表示悼念和安慰。但也有只有志或只有铭的。大多数墓志铭都是别人写的，只有极少数是自己生前写好的。

墓志铭在写作上的要求是叙事概要，语言温和，文字简约。受墓碑空间的限制，篇幅一般较短。

据说位于唐宋八大家之首的韩愈最擅写墓志铭，有人统计过，韩愈共计写过碑志 75 篇。史书记载，韩愈文名日盛，达官贵人常求其为先人撰墓志铭，

《故儒医戈斋钱君之墓》碑刻

润笔费甚高，韩愈亦来者不拒，以致令其友甚觉眼红。

从研究历史的角度看，墓志铭为我们提供了探究历史文化习俗的实物，以补家族史、地方志乃至国史的不足。

从文化的角度看，中国历史上的墓志铭大都为一些溢美之词，往往空洞无物，文学价值不高。能在文学上占一席之地的可谓凤毛麟角，宋代欧阳修的《泷冈阡表》就是其中具有代表性的一篇。

《泷冈阡表》是欧阳修在他父亲死后六十年所作的墓表。在文中欧阳修极力称颂他的父母生前的美德，以此说明自己能够身居高位，完全是先辈积下的“阴德”所致。整篇文章言词清新质朴，不尚浮华，用具体的事实代替了空乏的溢美之词。

随着时代的变迁，中国和西方都还保留着为值得纪念的人撰写墓志铭的习俗，不过已不再具有严格的文体特征和限制。墓志铭是对死者一生的回顾和概括，是个人化的，但同时也印刻着时代的痕迹，反映着当时普遍的社会心态、价值观念，是历史学家十分看重的第一手史料。

一个人一生只能有一篇墓志铭，又不可能长篇大论。技术上的问题倒在其次，难的是如何概括、评价人的一生。

墓志铭的存在，本身就是一种宗教象征，是生者和死者晤面、交谈的平台。灵魂毕竟是缥缈的，而墓志铭则提供了一处让生者接触死者的场所，感悟生命的真谛。

勿忘国耻

w u w a n g g u o c h i

焦山碑林有一方民国时期的石刻《五月九日》碑，该碑从右至左仅四个大字“五月九日”，后缀几行竖排小字：“东海可枯，此耻不□，愿众诸生，勿忘斯日，立庭之呼，视是贞石。民国八年谢遐龄识。”“民国”二字显然已被人为地凿损，模糊不清，几乎无法辨别。

从内容和书写水平上看，这算不上是一件书法作品。而对于参观者来讲，绝大多数人一定不明白这“五月九日”四个大字是何意，加之后面的几行小字又模糊不清，只能是一走而过，视如不见。

“五月九日”是个什么样的日子，一定要“勿忘斯日”呢？那时的中国究竟发生了什么大事？让我们翻开历史吧。

1915 年日本向中国政府提出“二十一条”要求，中国的谈判代表多次拒绝要求中的部分内容，日方则以武力威胁。5 月 7 日，日本政府向中国发出最后通牒，限令于 9 日前答复。最终，袁世凯政府在 5 月9 日晚上 11 时接受“二十一条”中一至四号的要求，并于 5 月 25 日完成签字。

消息传出，举国震怒。签约当天，湖南学生彭超留下血书，愤然投江自杀。北京二十万人到中央公园（今北京中山公园）集会，捐款一百万元“救国基金”。青年毛泽东愤然写下四言诗：“五月七日，民国奇耻；何以报仇，在我学子。”天津南开大学的十七

民国石刻《五月九日》碑

岁学生周恩来上街演讲，号召人们振兴经济、誓雪国耻。全国教育联合会要求全国各级学校以每年5月9日为国耻纪念日，史称“五九国耻”，并写入教科书，以待后来者奋发图强。

一战结束后，帝国主义战胜国在法国召开了巴黎和会，中国作为战胜国参加。和会拒绝了中国代表团的正当提议，并把中国的青岛转让给日本，中国代表团在巴黎和会上遭到了重大失败。消息传到北京，长期积压在人民心头的怒火被点燃了，五四运动爆发。

在全国人民的支援和影响下，中国代表团向和会提出两项提案：取消帝国主义在中国的特权；取消日本强迫中国承认的“二十一条”，收回山东的权益。但提案被否决了，而卖国的北洋军阀却命令中国代表团在和约上签字。6月27日清晨，在巴黎的华工和中国留学生举行了声势浩大的抗议活动。6月28日，三万多华人齐集在中国代表团的住所外面。

“不能签字！”三万人发出了一个共同的呼声。

“谁签字，就打死谁！”十五名敢死军的青年准备以自己的鲜血和头颅去捍卫祖国的尊严和权利。

中国代表团终于发表了一项声明：“山东问题不解决，我们决不在和约上签字！”

1919年巴黎和会，为驳斥日本妄图借“二十一条”吞并德国在山东的特权，顾维钧代表中国从诸角度申明山东是中国领土，提请和会尊重中国主权和领土完整。“中国的孔子有如西方的耶稣，中国不能失去山东正如西方不能失去耶路撒冷。”顾维钧的这句名言，迅速被法国《费加罗报》等多家媒体转载引用。

1919年5月4日北京城内3000余名学生举行了反帝爱国示威游行，这就是轰轰烈烈的“五四运动”。

1919 年 5 月 9 日，清华学生在体育馆前举行了“国耻纪念会”。会上决议通电巴黎，要求中国代表拒绝在和约上签字，并庄严宣誓：“口血未干，丹诚难泯，言犹在耳，忠岂忘心。中华民国八年五月九日，清华学校学生，从今以后，愿牺牲生命以保护中华民国人民、土地、主权，此誓。”

这就是这方碑刻的历史背景，此碑的书写者为谢遐龄，是当时镇江的社会名流，是镇江师范的首任校长。镇江师范创建于民国 6 年（1917 年），当时为江苏省立第九师范，就是这位首任校长谢遐龄先生在民国 8 年（1919 年）书写了“五月九日”刻在石碑上，让所有莘莘学子“勿忘斯日”。

这是一段不该遗忘的历史，这是一块记载镇江人民抵御外侮、立志振兴中华的碑刻，我们不应该忽视，更不应该遗忘。

勿忘国耻，勿忘国耻！

赤子之心

焦山碑林有一方民国时期《吴迈致日本河野信及河野复函道谢》的石刻。这是一封伸张正义，维护国家主权和民族大义的檄文，具有重要的史料价值。信中有这样一段话：

> 我国受各帝国主义之压迫侵凌久矣、尽矣，然尤以日本为最酣，自甲午以还，彼竟直不以人类视我，屠杀我同胞，掠夺我权利，罄竹难书。五九之耻，五月之痛，特其著者耳。

纵观全文，言辞激奋，字字血泪，令人动容。

吴迈生于1885年，江西余江县人。15岁考中秀才，16岁开始研究各国律法。吴迈曾任国民革命军新编第三军政治部少将主任。1926年，吴迈在汉口坐车执行公务时须穿过英租界，一个印度巡捕大声呵斥，要他脱下将服，不带卫兵，不坐汽车，只身便服步行过去。吴迈大怒，当即返回军部，甩下将服，愤而辞职。在汉口自开律师事务所，提出“不怕苦、不怕死、不做官、不荐官”的“四不主义”。从此，他奔波大江上下，以维护国权、维护中国公民权利为己任，成为民国时期赫赫有名的大律师。

吴迈生性耿直，疾恶如仇，群而不党，一心为国，被中外报纸称为“火镖律师”和“吴大炮”。他最有名的事迹，当属在法庭上怒打陪审官，怒斥蒋介石，怒骂市长吴铁城等。

《吴迈致日本河野信及河野复函道谢》石刻

敢于当众指责数落总统，在中国千年历史上，确实舍他其谁。吴迈把生死置之度外，如一句古话："民不畏死，奈何以死惧之。"只是，他的刚强已不仅仅是针对具体小事，他追求和考虑的是民族风骨和国家尊严，这也是其个人的人格魅力之所在。

1927 年 1 月，吴迈在汉口、九江参与收回两地英租界斗争，被全国律师协会推选为执委兼宣传部主任。不久，他在汉口的律师事务所迁往上海。

1928 年 5 月，"济南惨案"后，他往来于宁、沪、杭宣传抗日救国。12 月 13 日，国民党中央党部举行扩大会议时，他质问大会主席蒋介石："国民革命的政府为什么不革命？如此实行三民主义，岂非挂羊头卖狗肉吗？"因而被拘捕入狱。次日，因民众示威声援，当局被迫将其释放。从此吴迈以敢言直谏之名著称全国。

"九一八"事变后，东北沦陷，他与上海爱国青年一起奔赴南京请愿对日宣战。

1930 年，吴迈借住庐山大林寺，撰写《运动收回领事裁判权写真》一书，详细记载他与各国驻华使节激烈斗争的过程，并题诗石壁：

读书大林寺，航空来自天。
泉石固所好，国耻恨未湔。
众志乃成城，斯任须并肩。
疥壁意云何，愿言共勉旃。

也是在这一年，吴迈在镇江焦山题诗石壁：

为废不平均，呼号满神州。
来此暂偃息，行作世界游。

1933 年 11 月，"福建事变"爆发后，他将 1932 年题泰山誓诗改数字重刻于厦门南普陀：

心如此石复如铁，备受千磨与百折。

为谁辛苦为谁忙？要把强权一扫灭。

1934 年 2 月，他避难广西，巡回作抗日反蒋宣传。次年春，他遍历泰国、印度尼西亚、新加坡及马来西亚，向侨胞讲演。

1936 年，闻听震惊中外的“西安事变”消息后，他立即从新加坡回国，但国内有人不希望也不喜欢他回来，行前，被暴徒杀害，年仅 51 岁。

吴迈生前曾在泰山、庐山、桂林、厦门等地留下许多书法遒劲的爱国诗句石刻。

2014 年春，我去山东泰山，在登山的途中看到了吴迈刻在石壁上的诗句：

接踵过中天，高山群仰止；

为问熙攘人，曾否忆国耻。

赤子之心，跃然纸上。

呐喊

n a h a n

焦山西北临江有一方石刻，以刚毅的笔力，镌刻五言诗一首：

为废不平均，呼号满神州。

来此暂偃息，行作世界游。

这是民国19年（1930年）全国律师协会执委兼宣传部主任江西余江人吴良翰，为废除帝国主义列强的不平等条约，大声疾呼，到处奔走时，路过焦山留下的题名石刻。

“良翰”是吴迈的字。“良翰”一词出自《诗经·大雅·崧高》：“周邦咸喜，戎有良翰。”“良翰”一词有贤良的辅佐之意，用“良翰”作为自己的字，吴迈显然有着国家兴亡匹夫有责的伟大情怀。

在中国近代史上，由于晚清政府的腐败无能，与世界列强签订了许多不平等条约，有《中英南京条约》（1842年8月）、《北京条约》（1860年）、《天津条约》（1858年）、《望厦条约》和《黄埔条约》（1844年）、《马关条约》（1895年）、《辛丑条约》（1901年）等。这些国家包括美、日、英、法、俄等，他们侵略中国，霸占中国的领土，强迫清政府与其签订不平等条约，目的都是为了掠夺中国的财富，保护他们在华的特权。

俄国十月革命后，苏联曾于1919年和1920年两次发表对华宣言，表示愿意废除帝俄同中国订立的一切条约，无条件永久归还从中国夺取的一切领

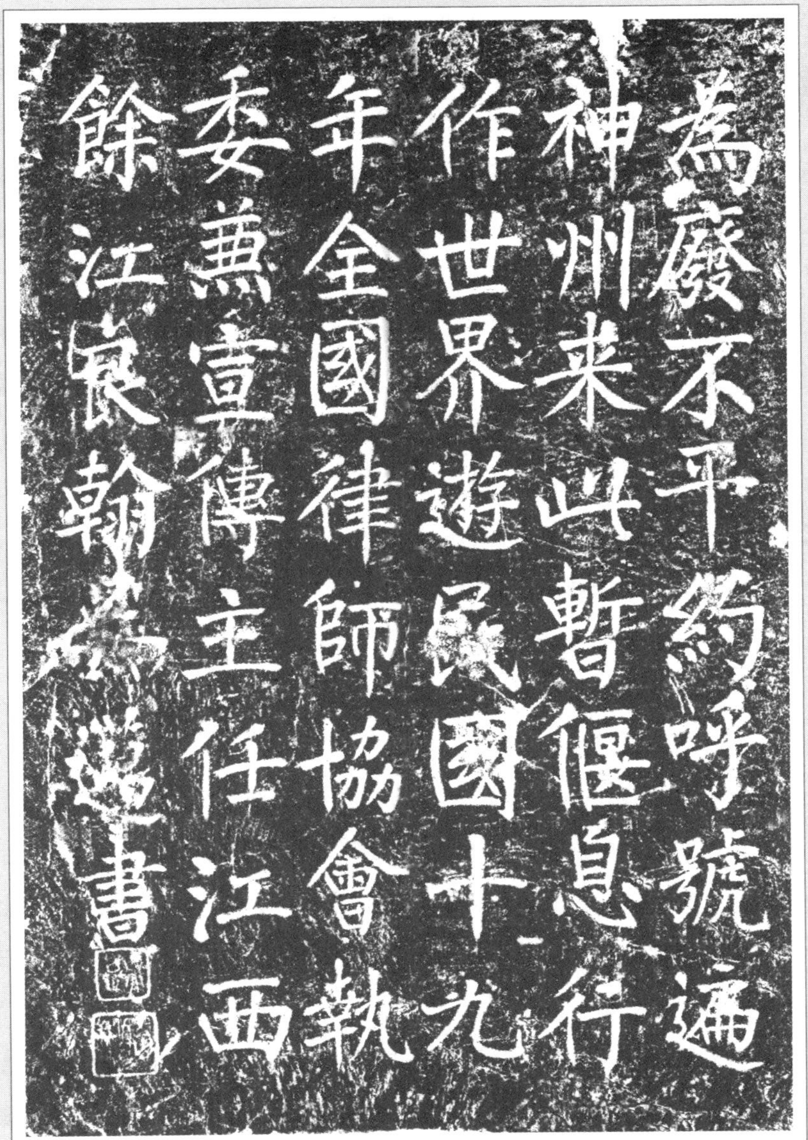

吴迈在镇江焦山题诗石壁

土。中国人因此倍感振奋,并对苏联政权怀有好感。受苏联影响,中国民族主义情绪汹涌澎湃,还传入了“反帝”口号,要求与列强废约之呼声日涨。

其实,苏联并非真心要归还掠夺于中国的利益,这里有一个历史原因。苏联政权成立伊始,就遇到了英、法、加、美、日、捷、希、波等协约国集团的武装干涉,并陷入内战。为摆脱内政外交的困境,苏联急于在东方打开缺口,频频向中国示好。

1919 年 7 月,苏联发布第一次对华宣言,声明放弃对华不平等条约和无偿归还中东铁路的一切权益,并呼吁中俄结为盟友。1922 年,中苏开始正式缔约谈判。当时苏联的目的是获得中国承认,建立邦交,并最大限度维护其在华利益;中国的目的则是废除以前的不平等条约,并建立邦交。在谈判过程中,苏联坚定维护其通过对华不平等条约取得的利益,以“数百年来中俄所订立条约何能一旦概行取消?故尚须研究”为理由,搁置一边,甚至直接否认有将中东铁路无偿归还中国的条款。

即便如此,废除一切不平等条约,永久收回被世界列强霸占的领土之呼声,从来没有停止过。

众所周知,山东的威海是由英国殖民者霸占的。1898 年,英国人以保持均势抵制沙俄为由强租威海卫,与清廷签约的租期是 25 年。民国之后,特别是巴黎和会之后,中国强烈要求废除列强在中国的不平等条约,收回威海卫。迫于形势,英国人不得不同意交还,但却提出了种种苛刻条件,试图最大化地保持自己的既得利益,谈判一再受阻,此事又耽误下来。

直到 1930 年初重开谈判,当年 4 月,在多种国际因素的推动下,几经周折,收回威海卫的谈判总算在中方的妥协中告成。中英签订了《收回威海卫协定》,被英国统治了 32 年的威海卫终于回到了祖国的怀抱。这无疑大大提高了国民的爱国热情,废除一切不平等条约的呼声再次高涨,这就是这方碑刻的历史背景。

弱国无外交,落后就要挨打,这就是历史。世界列强觊觎他国的领土和资源,这几乎是他们的本能。无论他们打着什么样的旗帜,喊着什么样的口号,只要你弱小,他们都会伸出罪恶的双手。指望世界列强发善心,归还本应属于你的那部分,只能是一厢情愿。

1945 年 4 月,毛泽东在中国共产党第七次代表大会《论联合政府》的报告中指出:“中国人民欢迎许多外国政府宣布废除对于中国的不平等条约,并和中国订立平等新约的措施。但是,我们认为平等条约的订立,并不就表示中国在实际上已经取得真正的平等地位。这种实际上的真正的平等地位,决不能单靠外国政府的给予,主要地应靠中国人民自己努力争取,而努力之道就是把中国在政治上经济上文化上建设成为一个新民主主义的国家,否则便只会有形式上的独立、平等,在实际上是不会有的。”

振兴中华,强大自己,我们就能立于世界之林,我们就能无敌于天下,这就是真理。

启蒙教材　书法范本

qimeng jiaocai shufa fanben

焦山碑林有一方明代书法家文徵明书写的《千字文》。

《千字文》在中国古代的童蒙读物中占有重要的位置，虽然它不像《礼记》《论语》等著作那样具有正统儒家经典的地位，但它对中国社会产生的影响不应忽视。明清之际，《千字文》与《三字经》《百家姓》一样，是最流行的启蒙读物，是我国传统开蒙教育的第一书，知名度极高，可以说是家喻户晓，无人不知。其内容涉及自然、社会、文化诸多方面，并充满着道德训诫的意味，所以，《千字文》堪称一种不同于四书五经的字书"经典"。

《千字文》原名为《次韵王羲之书千字》，是南朝梁周兴嗣所作的一首长韵文。它是一篇由 1000 个不重复的汉字组成的文章。据说周兴嗣是奉皇命从王羲之书法中选取 1000 个字，编纂成文的。文中 1000 个字本来不得有所重复，但周兴嗣在编纂文章时，却重复了一个"洁"字（洁、絜为同义异体字）。因此，此篇《千字文》实际只运用了 999 个字。全文如下：

天地玄黄　宇宙洪荒　日月盈昃　辰宿列张
寒来暑往　秋收冬藏　闰余成岁　律吕调阳
云腾致雨　露结为霜　金生丽水　玉出昆冈
剑号巨阙　珠称夜光　果珍李柰　菜重芥姜
海咸河淡　鳞潜羽翔　龙师火帝　鸟官人皇

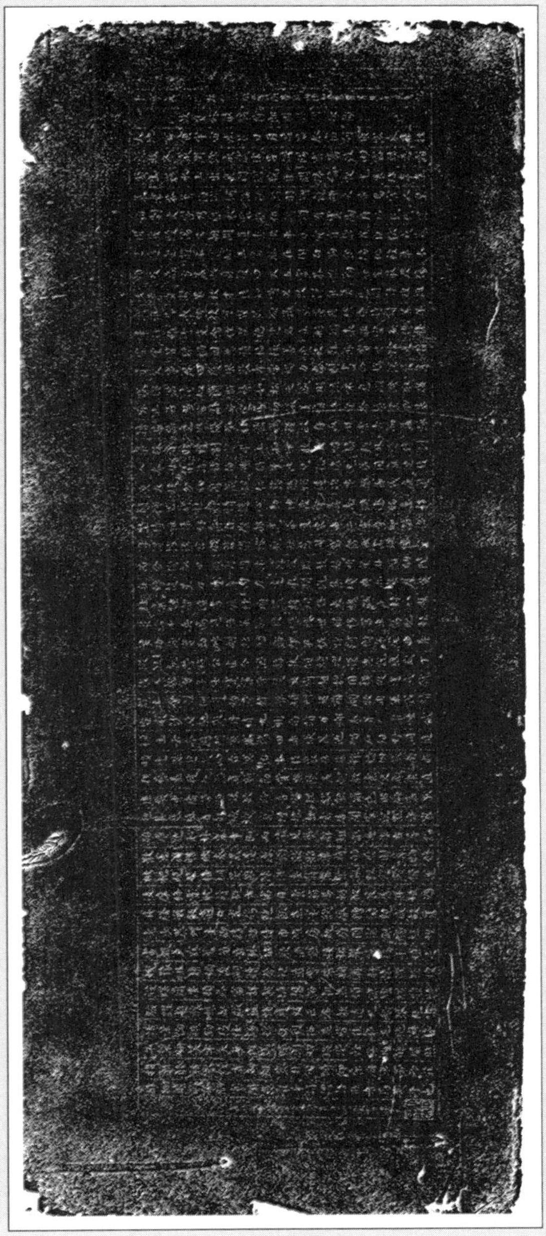

《千字文》碑刻

始制文字 乃服衣裳 推位让国 有虞陶唐
吊民伐罪 周发殷汤 坐朝问道 垂拱平章
爱育黎首 臣伏戎羌 遐迩一体 率宾归王
鸣凤在竹 白驹食场 化被草木 赖及万方
盖此身发 四大五常 恭惟鞠养 岂敢毁伤
女慕贞洁 男效才良 知过必改 得能莫忘
罔谈彼短 靡恃己长 信使可覆 器欲难量
墨悲丝染 诗赞羔羊 景行维贤 克念作圣
德建名立 形端表正 空谷传声 虚堂习听
祸因恶积 福缘善庆 尺璧非宝 寸阴是竞
资父事君 曰严与敬 孝当竭力 忠则尽命
临深履薄 夙兴温清 似兰斯馨 如松之盛
川流不息 渊澄取映 容止若思 言辞安定
笃初诚美 慎终宜令 荣业所基 籍甚无竟
学优登仕 摄职从政 存以甘棠 去而益咏
乐殊贵贱 礼别尊卑 上和下睦 夫唱妇随
外受傅训 入奉母仪 诸姑伯叔 犹子比儿
孔怀兄弟 同气连枝 交友投分 切磨箴规
仁慈隐恻 造次弗离 节义廉退 颠沛匪亏
性静情逸 心动神疲 守真志满 逐物意移
坚持雅操 好爵自縻 都邑华夏 东西二京
背邙面洛 浮渭据泾 宫殿盘郁 楼观飞惊
图写禽兽 画彩仙灵 丙舍旁启 甲帐对楹
肆筵设席 鼓瑟吹笙 升阶纳陛 弁转疑星

右通广内　左达承明　既集坟典　亦聚群英
杜稿钟隶　漆书壁经　府罗将相　路侠槐卿
户封八县　家给千兵　高冠陪辇　驱毂振缨
世禄侈富　车驾肥轻　策功茂实　勒碑刻铭
磻溪伊尹　佐时阿衡　奄宅曲阜　微旦孰营
桓公匡合　济弱扶倾　绮回汉惠　说感武丁
俊乂密勿　多士寔宁　晋楚更霸　赵魏困横
假途灭虢　践土会盟　何遵约法　韩弊烦刑
起翦颇牧　用军最精　宣威沙漠　驰誉丹青
九州禹迹　百郡秦并　岳宗泰岱　禅主云亭
雁门紫塞　鸡田赤城　昆池碣石　钜野洞庭
旷远绵邈　岩岫杳冥　治本于农　务兹稼穑
俶载南亩　我艺黍稷　税熟贡新　劝赏黜陟
孟轲敦素　史鱼秉直　庶几中庸　劳谦谨敕
聆音察理　鉴貌辨色　贻厥嘉猷　勉其祗植
省躬讥诫　宠增抗极　殆辱近耻　林皋幸即
两疏见机　解组谁逼　索居闲处　沉默寂寥
求古寻论　散虑逍遥　欣奏累遣　戚谢欢招
渠荷的历　园莽抽条　枇杷晚翠　梧桐蚤凋
陈根委翳　落叶飘摇　游鹍独运　凌摩绛霄
耽读玩市　寓目囊箱　易輶攸畏　属耳垣墙
具膳餐饭　适口充肠　饱饫烹宰　饥厌糟糠
亲戚故旧　老少异粮　妾御绩纺　侍巾帷房
纨扇圆絜　银烛炜煌　昼眠夕寐　蓝笋象床

弦歌酒宴 接杯举觞 矫手顿足 悦豫且康

嫡后嗣续 祭祀烝尝 稽颡再拜 悚惧恐惶

笺牒简要 顾答审详 骸垢想浴 执热愿凉

驴骡犊特 骇跃超骧 诛斩贼盗 捕获叛亡

布射僚丸 嵇琴阮啸 恬笔伦纸 钧巧任钓

释纷利俗 并皆佳妙 毛施淑姿 工颦妍笑

年矢每催 曦晖朗曜 璇玑悬斡 晦魄环照

指薪修祜 永绥吉劭 矩步引领 俯仰廊庙

束带矜庄 徘徊瞻眺 孤陋寡闻 愚蒙等诮

谓语助者 焉哉乎也

《千字文》文笔优美,辞藻华丽,具有极高的文学价值,历来受到文人墨客的喜爱和推崇,其他任何一部童蒙读物都无法望其项背。没有一定的文学基础和文化素养,是很难阅读和欣赏《千字文》的。

《千字文》既是一部启蒙教材,同时也是学习书法的绝好范本,因为它有1000个不同的汉字,有利于书法的练习。

在《千字文》的流传过程中,隋唐之际的智永和尚功不可没。智永是王羲之的七世孙,他用30年的时间,摹写了800本真草《千字文》分赠浙东各寺庙。智永的这一举动,既保存了王羲之的书法艺术,又使《千字文》得到了广泛的传播。

此后,历代书法大师写《千字文》者比比皆是,除文徵明外,还有怀素、宋徽宗、赵孟𫖯等。他们的作品流传很广,书体与风格各异,可谓千字千姿,影响也很大,无疑大大促进了《千字文》在民间的传播,提高了《千字文》的知名度,而且也为世人留下了伟大的艺术瑰宝。

《千字文》作为一部有影响力的作品,在很早就涉洋渡海,传播于世界各地。日本就有多种版本的《千字文》。1831 年《千字文》被译成英文，此后数十年中，相继出现了《千字文》的法文版、拉丁文版、意大利文版。《千字文》的影响扩散到了海外。

作为书法的范本，近现代的书法家书写《千字文》之风依然长盛不衰，于右任、启功都有《千字文》的书法作品存世。

明代言官的话语权

ming dai yan guan de hua yu quan

焦山碑林有一方明代御史王应鹏书写的七言诗碑刻，全诗如下：

病眼多年慵未开，强持筋力上高台。
野花正在林间发，海鹤初从何处回？
天际千峰飞白日，云中万壑起晴雷。
无端一霎冥冥雨，疑是双龙听法来。

王应鹏，字天宇，明正德进士，知嘉定县，以廉干称，擢御史。有关王应鹏的史料，现在很难查找，他具体的生卒年都无法得知，只知道他是明正德年间的进士，嘉靖年间的御史。熟悉明代历史的人都清楚，御史不是什么高官。所以说王应鹏的官阶实在不高，同时他也非著名文人，历史上留下的诗文极少。如此说来，这首刻在焦山碑林的七言诗还真是难得了。

需要说明的是，此七言诗并非王应鹏在镇江焦山的题诗石刻，而是他在明嘉靖十一年（1533 年）夏四月，登浙江宁波阿育王寺上塔的题诗。如果我们仔细品味这首七言诗，还是能够感觉到该诗与镇江焦山并无多少联系，“林间”的“野花”、飞翔的“海鹤”和高耸“天际”的“千峰”都不是镇江焦山的景色，“疑是双龙听法来”更是与阿育王寺显得较为贴切吻合，现在我们去宁波阿育王寺上塔还能看到同样诗文的碑刻。

御史是个什么样的官？有多大的权力？经常有

王应鹏七言诗碑刻

人会发出这样的疑问。我们看历史小说或历史题材的影视作品，会知晓有“都察院”这么一个机构，这是明清两朝对百官进行监察的官府衙门，其职官称作御史，他们的行政级别普遍不高，多数为七品、八品，只有少数级别较高，可达到二品。因御史主要职责是以言代行，故又称“言官”。言官们没有具体官职和具体业务，参劾失职官员是他们的工作职责。

御史言官多为具有功名的读书人，大都具有两项品质，一是刚正，二是有识。所谓刚正即介直廉正，大公敢言，惜名节，轻富贵，谋国忘我。所谓有识就是识大体、识政务、识古今，学养深厚，经验老成。明成祖朱棣曾说：“御史当用清谨介直之士，清则无私，谨则无忽，介直则敢言。”明清两朝为防止个别御史沽名钓誉，均规定言官参劾惟要注明实据，写明年月，不得以虚文泛泛诋毁他人。为此律例规定，凡御史犯罪，加三等处罚。

御史以才、学、识、胆、言履行正风气、振朝纲之职。天下百官对御史均小心戒惧，甚至皇帝对他们亦有所顾忌。皇帝虽然居九五之尊，但滥杀言官究竟有失明君圣德。所以有时即便恼怒言官掣肘多事，那也须忍忍，不能为所欲为。

然而，任何事物都具有两面性。明代的言官有其积极的一面，也有其消极的一面。确有一些言官没事找事，遇到一些鸡零狗碎、鸡毛蒜皮的事，他们都要上折子，一年不上几十个折子绝不罢休。是啊，他吃的就是这碗饭，不上折子又能干什么呢？有人统计过，整个明朝 267 年，每个大臣至少被言官参劾过二十次。

虽然历史没有留下更多的关于王应鹏的史料，但我们可以断定王应鹏一定是位“清谨介直之士”。作为御史的王应鹏，他的日子过得一定很清苦，因为明代官员的俸禄不高，只能过一般的日子，他不可能像其他大臣和地方官吏一样有“灰色收入”，也不可能像朝廷大臣和地方大员一样到处巡视,诗兴大发,泼墨挥毫。

不知何年在何种情况下,有好事者将王应鹏在浙江宁波阿育王寺上塔的题诗移刻到镇江焦山碑林来,让我们一睹王应鹏书法的风采,更让我们知晓王应鹏其人。

其实,王应鹏很可能根本就没来过镇江焦山,作为一名御史,除非朝廷派他来江苏查处案件,就一般情况而言,他又怎能有“公费旅游”的机会呢?

得天下英才而教育之

de tian xia ying cai er jiao yu zhi

“得天下英才而教育之”,这是《孟子·尽心篇》上的一句话,“教育”一词也由此而来。

教育是人类文化传播的首要手段,是社会进步的重要基石。在中国,历朝历代的统治者对教育都非常重视,他们从维护其统治地位出发,在中央朝廷以及各地方官府直接创办和管辖旨在培养各种人才的教育体系。前者称中央官学教育,后者称地方官学教育。中国官学的产生、发展和衰落,是同中国封建社会的政治经济的发展变化相适应并为其服务的。

儒家认为,人性生来就是善的,人之初,性本善。有不学而能的“良能”和不虑而知的“良知”,人人都具有仁、义、礼、智四个“善端”。这四个“善端”是与生俱来的,因而从理论上讲,人人皆可为尧舜。当然仅有这些“善端”是不够的,必须加以扩充,使之达到完善的境地,就可以成为圣人。相反,由于受外界环境的影响,人们的“善端”受到破坏,心灵遭到扭曲,就会成为小人、恶人。

教育的作用在于把人天赋的“善端”加以保持、培养、扩充、发展,把已经丧失的“善端”找回来,启发人们恢复天赋的善良本性,使之成为道德上的完人。在政治上,儒家学说继承和发展了孔子的“仁”和“德治”思想,提出了“仁政”学说。从“仁政”观点出发,强调教育的社会是“行仁政”“保民心”。

《镇江府儒学对山碑》碑刻

古代官办教育机构的体制是学校与祭祀机构一体，将学习儒家经典的学校与祭祀孔子的机构结合在一起，是学庙合一的府级官办教育机构。

焦山碑林中明代的《镇江府儒学对山碑》和清代笪重光书写的《重修丹徒县学记》就是这一教育体系中重要的文献资料。

祭祀孔子的机构通常称作孔庙、文庙、夫子庙、先师庙和先圣庙等。在明清时期，每一州、府和县治所都有孔庙。因此，官办教育机构也叫作文庙或孔庙，有时也称作庙学，或者学庙，将官办教育机构称为文庙的情况更为普遍。

中国历代封建王朝的统治者对官学都极为重视。

汉武帝时就设学宫，并诏令天下郡国皆设学宫。至汉平帝元年（1 年）始建立了地方学制度。东汉出现了“学校如林，庠序盈门”的局面。

北宋政治家范仲淹的庆历新政，其中一项重要的内容就是“精贡举”，所谓“精贡举”就是改革贡举制，令州县立学，士子必须在学校学习一定时间方许应举；改变专以诗赋、墨义取士的旧制，把明代经科只要求死背儒家经书的词句改为要求阐述经书的意义和道理，注重策论和操行。

明代早在太祖朱元璋立国之初，既在全国诸府州县设立府州县学，又在边防区设立卫学、乡村设立社学。最盛时期，全国共计有学校 1700 余所。

明清两代的教育制度相近，中央有国子监，学生称贡生、监生，清代则基本上沿袭明代学校的规制，正式形成五贡——副贡、拔贡、优贡、岁贡、恩贡。明清府和州县设孔庙和学官（学校），府学教官称教授，县学称教谕。

南京市博物馆（朝天宫）现藏一块同治十二年（1873 年）《江宁府学记》石碑，碑文为清两江总督曾国藩所撰，其弟曾国荃书。据说该碑一直湮没于博物馆的一处僻静院落中，直至近年才被人偶然发现，并加以妥善保护。

清光绪三十一年(1905 年),清政府下旨,从光绪三十二年起(1906 年)正式废除科举制,中国的教育史从此翻开了新的一页。

教育的本质就是为人类的发展服务,关系到社会的兴衰成败。历代地方政府对教育的重视和采取的一系列措施,对我们今天的教育体制的建立和教育事业的发展仍然有许多重要的参考价值。

忽忆焦山擅名胜

hu yi jiao shan shan ming sheng

在焦山碑林，有一处专题陈列清刻全套《澄鉴堂法帖》的展厅，可能是介绍过于简洁，也可能是陈列的展室过于简陋，来此处观赏的游客并不多，如无人讲解，更是让人不甚了了，其应有的学术价值和史料价值均没有得到彰显。

澄鉴堂为清道光年间河南总督张井书斋名。《澄鉴堂法帖》应该是他的收藏，该套碑计 42 方，内含文同墨竹题识 20 方，苏轼墨竹题识 22 方。这些题识包含了宋、元、明、清四朝的 74 位名人，他们是宋代的范纯仁、米芾、韩琦、文彦博、黄伯思，元代的赵孟頫、虞集、倪瓒，明代的文徵明、杨一清、杨继盛、米万钟、李东阳，清代的顾贞观、张玉书等。文体有诗文、赞咏、题跋，书体有真、草、隶、篆，书风各异，美不胜收。

文同与苏轼共创的湖州墨竹派，对中国绘画产生了巨大影响。对文同的墨竹画，历史上评价甚高，在清代王概的《芥子园画谱》中有这样的评价："笔如神助，妙合天成，驰骋于法度之中，逍遥于尘垢之外。"苏轼在一首诗中对文同画竹有过这样的描绘："与可画竹时，见竹不见人。岂独不见人，嗒然遗其身。其身与竹化，无穷出清新。"文与可既强调"成竹于胸"，又强调"执笔熟视"，凝神构思，达到了形神兼备的艺术境界。

文同与苏轼以墨竹为题的绘画真迹在如今的拍

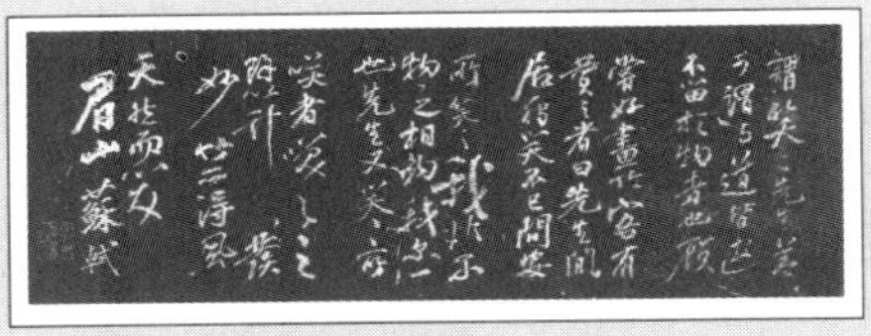

澄鉴堂－苏轼(文三石)

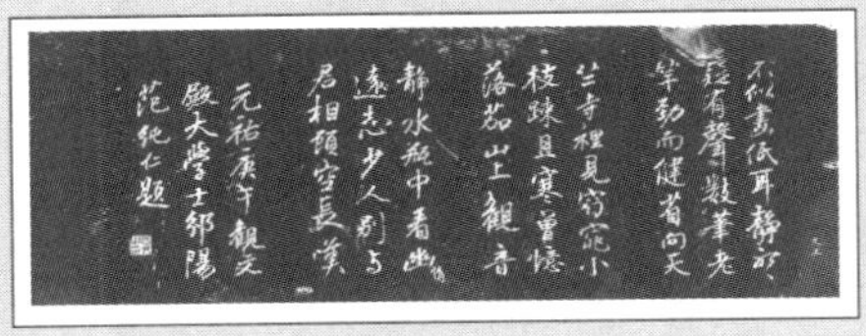

澄鉴堂－范纯仁(文五石)

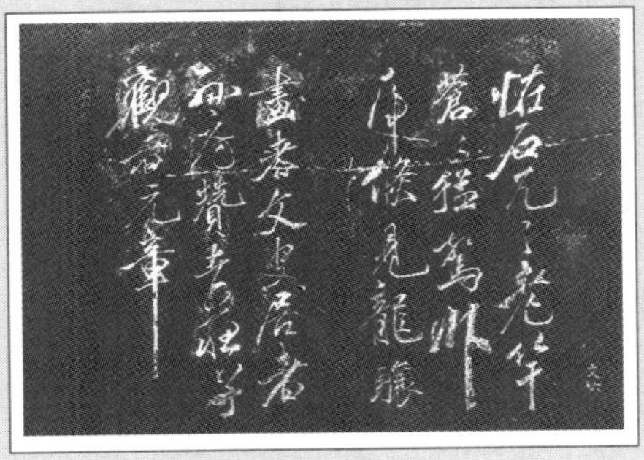

澄鉴堂－米芾(文六石)

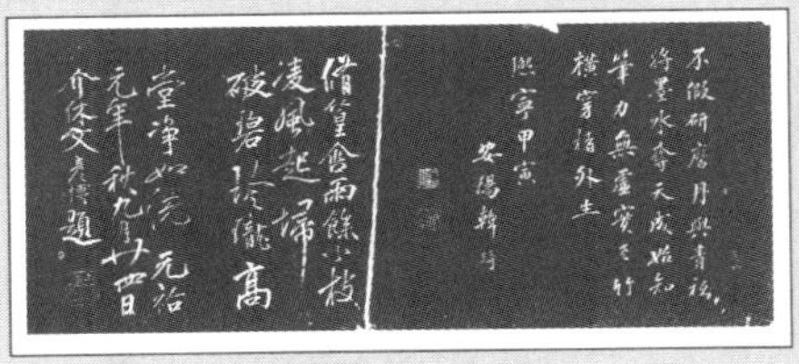

澄鉴堂－韩琦等(苏四石)

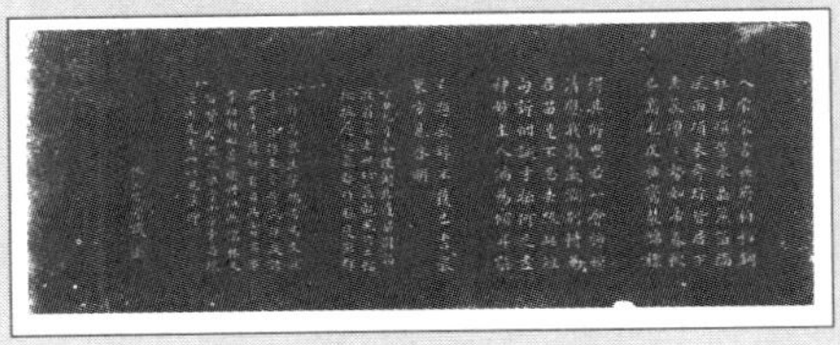

澄鉴堂－张玉书(苏十九石)

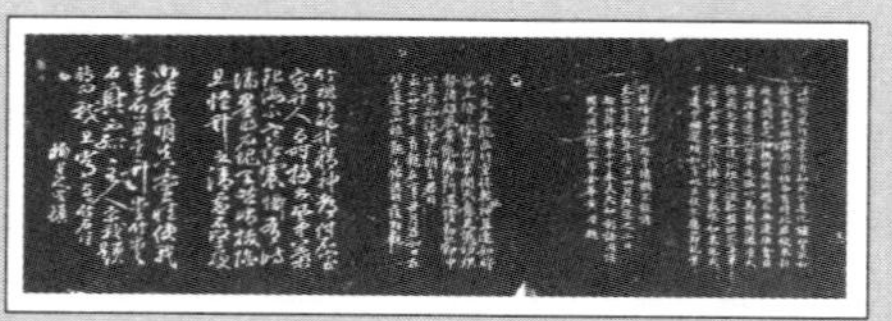

澄鉴堂－黄潛等(文八石)

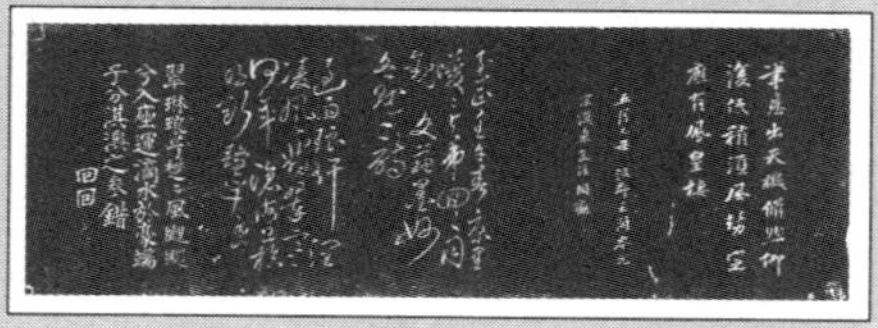

澄鉴堂－简岑等(苏八石)

澄鉴堂－饶介等(苏九石)

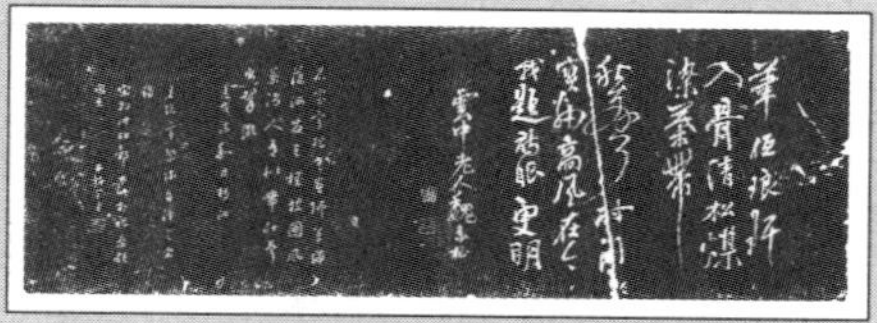

澄鉴堂－魏象枢等(文十二石)

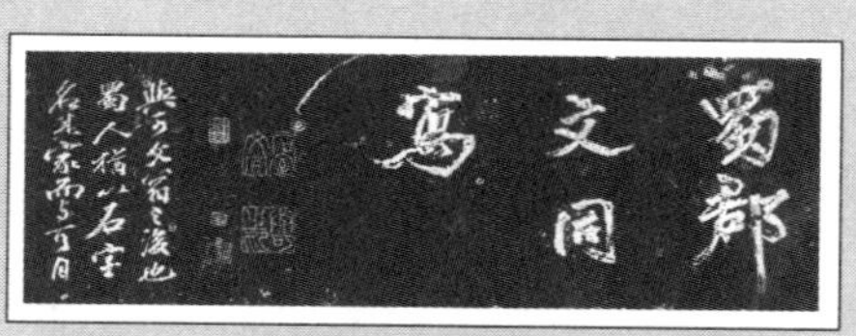

澄鉴堂－文同(文二石)

卖会上一直居高不下。在2014年的一次拍卖会上,一幅文同、苏轼的《墨竹卷》,以200万元起拍,最终以4255万元成交,超过此前估价的20余倍。

苏轼与文同的交往甚为密切,他们是表兄弟,但年龄相差二十岁。二人从初识到交往,时间长达十五年,诗文唱和五十多首(篇)。文同是苏轼一生中交往时间最长,诗文往来最多的友人之一。

再说一下"澄鉴堂"的堂主张井其人。张井,字芥航,陕西肤施人,嘉庆六年(1801年)进士,曾任内阁中书、兵部侍郎、右副都御使、河东河道总督。张井颇有学识,工诗文,有《二竹斋诗集》。

在封建社会都是学而优则仕,各级地方大员都有较深的文化功底,张井就是其中较有影响的一员。这样一批拥有官职的学者型官员,虽然忙于各种事务和应酬,但他们的阅历广,接触各种秘籍、文献的机会也多。正因为张井为朝廷大员,才有机会收集到文同和苏东坡的墨竹,以及名人的诗文、赞咏、题跋。

史料记载,张井曾赠一汉代铜鼓给焦山收藏,并作了一首《送铜鼓藏焦山纪事》的长诗记述此事。诗中云:"我有汉代之铜鼓,来自南昌司马家。蛮风瘴雨几何载,鞚骨完好无缺瑕。"又云:"常恐神物工变化,不甘闭置羁笼筊。忽忆焦山擅名胜,中藏古物颇纷拿。周汉二鼎最奇绝,得此踵事或增华。"岁月流逝,关于这"周汉二鼎"的记述,我们通过焦山碑林里的《焦山古鼎铭文》和《焦山古鼎歌及跋》两方碑刻可略知一二。而这面汉代铜鼓不知现今流落何处。张井送汉代铜鼓给焦山一事是否与他将《澄鉴堂法帖》送与焦山收藏有着某种关联?这一切都有待考证。

共渡慈航

g o n g d u c i h a n g

焦山碑林有四方反映古代水上救生活动的碑刻，分别是《京口创设义渡碑记》、《瓜镇义渡总局章程八条》、《镇江府瓜镇义渡禁约告示牌》和《焦山玉峰庵救生红船捡埋枯骨记》，这些重要的地方文献资料，从一个侧面反映了当时长江航运的状况。

镇江依山临江，大约自六朝起，就成为漕运的咽喉之地。到宋朝时，镇江沿岸渡口已星罗棋布，绵延数十里，大江南北的各种物资经此转运至全国各地。那时镇江的江面极为开阔，史书记载，隋唐以前镇江江面宽 40 多里，到唐代时还有 20 多里宽。滔滔长江，一泻千里，无风三尺浪，若遇极端天气，更是险象环生，惊心动魄，船毁人亡的惨烈事件时有发生。唐代大诗人孟浩然“江风白浪起，愁煞渡头人”的诗句形象地反映了那样的场景。唐天宝十年(751 年)，一次就有数十艘渡船沉没。南宋绍兴六年(1136 年)，一艘渡船离岸不久即遇上风涛，连艄公在内的 46 名渡客无一生还。明万历十年(1582 年)的一阵狂风竟摧毁了千余艘漕船和民船。

水上航运安全和水上救生成为当时重要的民生问题，首先是民间救生慈善事业应运而生，随之地方政府开始重视。从宋代开始镇江就创设了救生会，向社会招募水手，并募捐款项建造救生专用船——“红船”，自此有了真正意义上的长江水域救助专业队伍。

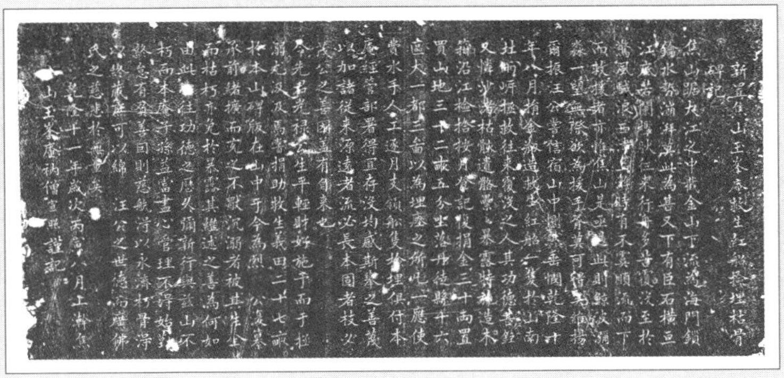

《焦山玉峰庵救生红船捡埋枯骨记》碑刻

《京口创设义渡碑记》碑刻

康熙二十六年(1687 年),清政府责令沿江官府文武官员关注过往船只安全。镇江官府随之成立了瓜镇义渡总局,打造了 10 艘护航船,招募了舵工水手,分布在沿江两岸,每遇风浪,立即护航。《京口创设义渡碑记》《瓜镇义渡总局章程八条》《镇江府瓜镇义渡禁约告示牌》这三方碑刻,就较为完整地反映了当时的实际情况。

康熙四十二年(1703 年),镇江士绅蒋元鼐发起成立了京口救生会,专门从事义务打捞沉船和救生事宜,这是一个由民间慈善人士成立的水上安全救助机构。

那时的救生船漆成红色,俗称红船。桅杆上醒目地挂着一个虎头牌,意思是奉皇上圣旨救人,船上铜锣一敲,任何人不得阻挡。《焦山玉峰庵救生红船捡埋枯骨记》反映了焦山僧众参与水上救生的活动。这些举措改善了当时长江水域事故频发的状况,对保障老百姓的生命财产安全发挥了积极作用。

岁月流逝,随着社会的发展和水上航运技术的不断进步,这一切都成为过往的历史。

每当我们沿着西津渡的石板路走到“待渡亭”时,就能看见镌刻在券门之上的“共渡慈航”四个大字。这佛家的用语,是佛对大千世界芸芸众生的许诺,更是对现实生活之中,为生计来往于滔滔大江之上黎民百姓的祈福。

焦山碑林有一方清《镇江城内新立启善堂粥厂碑文》，这是碑刻博物馆内仅有的一方我国古代社会有关慈善事业方面的碑刻。虽然它不是书法作品，更非名人墨迹，但它真实地记录了一段历史，从一个侧面反映了当时的社会状况，是一份颇具史料价值的地方文献。

对于现代社会的中国人来说，对“粥厂”的认识，一般都是通过历史题材的影视作品得到的，比如电视连续剧《天下粮仓》就有粥厂向处于绝境的饥民施粥的场景。

中国古代社会生产力不发达，产品有限，食品少有富余，一遇到大荒，没有多少余粮可以充饥，许多难民濒临绝境。开办粥厂解决了许多不能举炊人家的活命问题，那些极贫人家要钱无钱，要粮无粮，要柴无柴，贷粮对他们无用，散米也难以济事，施粥可以立即进餐。在赈灾的诸种措施中，平粜、贷粮、散米是常法，而施粥则是临时性的调剂办法，是平粜、赈贷、散米的补充。虽然救荒不能寄希望于粥厂，但其在短时间内的作用和功能是不应抹杀的。

在古代，有些粥厂为官办，有的是官绅合办，也有私家独办。当然这种情况相当少，因为个人力量毕竟有限，难以为继，不好收场，弄不好还会遭到埋怨。

施粥的对象都是极贫、次贫户，他们可以到这里

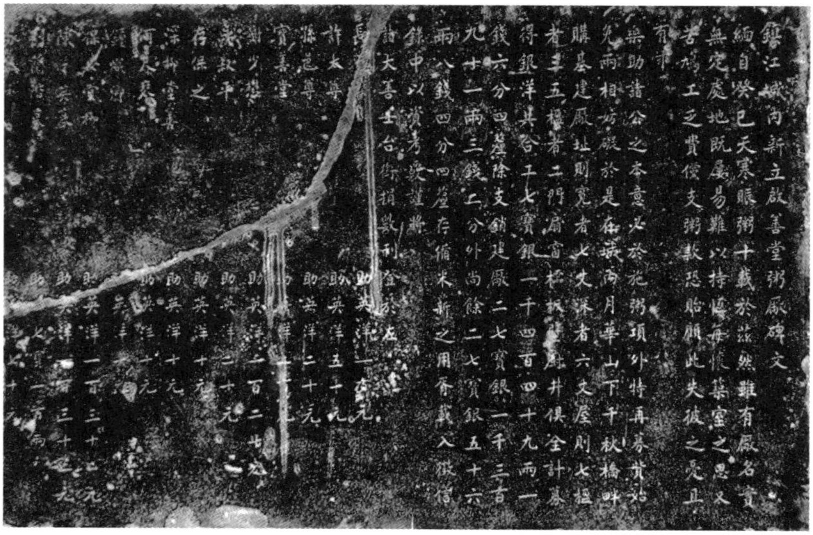

《镇江城内新立启善堂粥厂碑文》碑刻

领稀饭，其状况就如同要饭花子。不到万不得已，人们不会走进这个行列，其悲惨处境是可以想见的。嘉庆年间在江南做知县的陈文述在《粥厂》诗里描绘饥民打粥路上的情景：

疲癃纷扶藜，孀嫠远负襁。
伶俜走鸠鹄，蹲躅聚夔魍。

《清诗铎》卷十六

道光、咸丰、同治年间的三朝大学士、管理工部事务的祁嶲藻也有《打粥妇》诗。该诗描述了一个19岁的少妇，怀抱奄奄一息的6个月大的婴儿，打粥以延性命的惨状：

长椿寺前打粥妇，儿生六月娘十九。
官家施粥但计口，有口不论年长幼。
儿食娘乳娘食粥，一日两盂免枵腹。
朝风餐，夕露宿。
儿在双，儿亡独，儿病断乳娘泪续。
儿且勿死，为娘今日趁一粥，
掩怀拭泪不敢哭。

在封建社会，吏治不清，清官少，贪官多，即便在民命垂危、嗷嗷待哺之际，赃官也不忘口中夺食，骂他们全无心肝，亦无济于事，因为专制政体下的官僚制度决定了贪赃现象的不可避免。为应对这种情况的发生，有些地方制订了有关章程、规定，如煮的粥要保持浓度，插的筷子不能倒斜，以保证粥的质量。

那个年代还没有社会保障机构，一切措施都是临时性的，就事做某种救济，很难指望它能解决多少问题。

虽然开办“粥厂”，赈济难民已成为过去的一页，乃至成为历史影视剧中的某些情节和场景，但其事件本身还是给后人留下许多宝贵的精神财富。那些热诚、主动从事施粥的人，那些对饥民怀有强烈的同情心、爱心、善心的人，至今还会让我们感到人间的一丝温暖。

在先秦诸子百家中，有儒家孔子和孟子倡导仁爱和仁术，有墨子主张的“兼爱”，“有力者疾以助人，有财者勉以分人，有道者劝以教人。若此，则饥者得食，寒者得衣，乱者得治”。这些思想对中国古代的慈善事业产生了深远的影响。

镇江城内的启善堂粥厂早已了无踪迹，成为历史的尘埃，但做人应心怀善意，救人于水火，救人于濒危之中。这种仁爱观念是中华民族最为珍贵的精神财富，永远值得我们继承和发扬光大。

焦山原有“印心石屋”碑刻计七十二方，现存三十余方。内容主要为道光帝御书横匾，陶澍的奏折及摹御书墨宝、折呈、山水图论、南北崖之图说、金焦图说及赞、记、叙诗、跋等。

如果严格按历史年限划分，陶澍应该属中国古代人物，因为他在 1839 年就去世了，那时他任两江总督。而中国近代史是从 1840 年开始的，那一年爆发了第一次鸦片战争。不过，说到中国近代史又不能不联系到陶澍，因为，中国近代史上的许多风云人物如左宗棠、胡林翼、林则徐、魏源、龚自珍等，几乎都出自他的派系。

陶澍不仅是清朝后期中国经世学派在政治领域的杰出代表，也是经世派转变为洋务派的关键人物。

陶澍的思想与政治实践开启了中国近代洋务派经济改革的先河，并为洋务运动做了人才准备。

陶澍还是湖南近代人才群体崛起的先导者。有人曾做出这样的评价：陶澍是中国古代最后一位杰出的政治家，同时又是中国近代最初的一位政治家。

陶澍出生于湖南益阳安化县小淹镇，系穷乡僻壤之地。陶澍家庭贫困，五六岁就开始砍柴、放牛、打鱼。但他从小聪明好学，且耕且读，书不离身，显示出许多过人之处。其父看到儿子如此好读，终于同意陶澍到当地的私塾水月庵读书。

在离水月庵不远的资江中，有块长宽各约两丈，

“印心石屋”碑刻

凸出江面约两丈许，方正若印的石头，这就是印心石。陶澍很喜欢躺在这块印心石上看书，就将水月庵的书斋起名为“印心石屋”。

嘉庆七年（1802 年），陶澍中进士，历任翰林院编修、国史馆纂修、四川乡试副考官、监察御史、户科给事中、川东兵备道、山西省按察使、安徽省布政使、安徽巡抚、江苏巡抚，官至两江总督，兼理两淮盐政。

道光十一年（1831 年），任两江总督的陶澍破清代惯例再兼两淮盐政，对盐务、治河、币制、赈灾、海防等方面进行了一系列改革，效果显著，得到了上至皇帝，下到百姓的一致赞赏和肯定。

1835 年冬，陶澍进京，道光皇帝召见，问及家世情况。陶澍即言幼时随父读书于印心石旁和自己在“印心石屋”寒窗苦读的故事。道光皇帝颇为感慨，亲书“印心石屋”四字赐之。陶澍引以为荣，于山川胜地多处摹刻。

如今，除镇江的焦山外，在长沙岳麓山、江西庐山、武汉龟山、南京总统府煦园、苏州沧浪亭、扬州大明寺、无锡惠山，当然还有位于湖南益阳安化县的陶澍陵园，均存有“印心石屋”的石碑。

陶澍对“印心石屋”更是情有独钟，自称为“印心石屋主人”。因为，印心石屋不仅能唤起陶澍少年的记忆和对家乡的思念，更能使他不忘幼时的清贫和志向。

陶澍还撰有“印心石屋山水全图”“印心石屋南崖之图”“印心石屋北崖之图”“岳麓印心石屋图”“沧浪亭印心石屋图”“金山印心石屋图”“焦山印心石屋图”“金陵印心石屋图”“清河印心石屋图”及“蜀岗印心石屋图”。可见，“印心石屋”在陶澍的心中占有多么重要的位置。

陶澍为官期间，在除恶安民，抗灾救灾，兴修水利，整顿财政，治理漕运，倡办海运，革新盐政，整治治安，兴办教育，培养人才上做出了较大贡献。

陶澍曾为江苏巡抚，为治理漕运，也曾在镇江留下他的业绩，《清史稿·陶澍传》有这样一段记载："巡南漕，革陋规，请浚京口运河。"

陶澍具有多方面的才能，著文赋诗，造诣不浅，书画兼长，为后代留下了不少佳作，著有《印心石屋诗抄》《靖节先生集》《陶文毅公全集》传世。

中国人喜托物言志，将自己的志向、情感与某种具体的物件联系在一起。"印心石屋"是陶澍人生的起点，见证了他的理想、抱负、信念和曾经的艰辛，是一种心灵寄托和行为的座右铭。陶澍在祖国的山川胜地多处摹刻"印心石屋"，不仅是感激皇恩的浩荡，更多的是彰显自己的行为操守并以此表明心迹。

在焦山碑林，由宋代书法家张即之书录的《金刚般若波罗蜜经》石刻应为稀世珍宝，此卷纸本，现藏于辽宁省博物馆。

张即之(1186—1263 年)，宋代书法家，历阳(今安徽和县)人。张即之生于名门显宦家庭，为参知政事张孝伯之子，爱国词人张孝祥之侄，系中唐著名诗人张籍的八世孙。

张即之手书《金刚般若波罗蜜经》，是其晚年书法精品。其时他已六十九岁，在那个年代可谓是高龄，全文书写《金刚经》是一件耗费精力和体力的重活儿。通观全碑，他下笔简捷凝练，运笔坚实峻健，点画顾盼生情；结字俊秀而骨力遒劲，使字字结体生动明快，清爽不落俗套。每个字均十分注意笔画的变化，其笔画的粗细、伸缩舒展皆随机而作，却又不失法度，是独具匠心的书作。故此书迹具有强烈的艺术感染力，为一代楷书名作。

《金刚般若波罗蜜经》是大乘佛教的重要经典，全称《能断金刚般若波罗蜜多经》，简称《金刚经》。

《金刚经》很长，共分三十二品。摘录部分如下：

如是我闻。一时，佛在舍卫国祇树给孤独园，与大比丘众千二百五十人俱。尔时世尊食时，着衣持钵，入舍卫大城乞食。于其城中，次第乞已，还至本处。饭食讫，

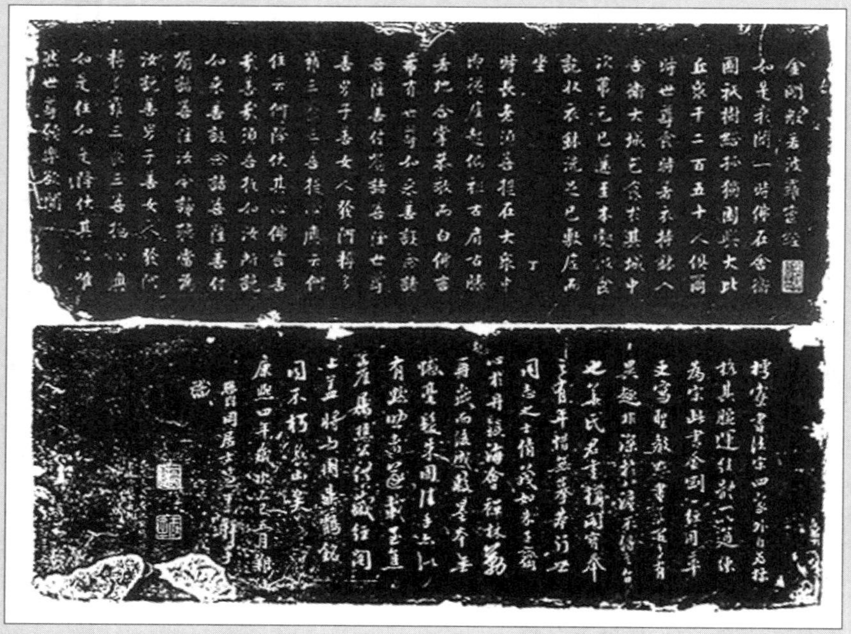

宋代张即之书录的《金刚般若波罗蜜经》石刻

收衣钵，洗足已，敷座而坐。

时长老须菩提在大众中，即从座起，偏袒右肩，右膝着地，合掌恭敬而白佛言：

“希有世尊，如来善护念诸菩萨，善付嘱诸菩萨。世尊，善男子。善女人发阿耨多罗三藐三菩提心，云何应住，云何降伏其心？”

佛言：“善哉！善哉！须菩提，如汝所说，如来善护念诸菩萨，善付嘱诸菩萨。汝今谛听，当为汝说。善男子、善女人发阿耨多罗三藐三菩提心，应如是住，如是降伏其心。”

“唯然！世尊，愿乐欲闻。”

“须菩提，若人言佛说我见、人见、众生见、寿者见，须菩提，于意云何？是人解我所说义不？”

“不也，世尊！是人不解如来所说义。何以故？世尊说我见、人见、众生见、寿者见，即非我见、人见、众生见、寿者见，是名我见、人见、众生见、寿者见。”

“须菩提，发阿耨多罗三藐三菩提心者，于一切法，应如是知，如是见，如是信解，不生法相。须菩提。所言法相者，如来说即非法相，是名法相。”

“须菩提，若有人以满无量阿僧祇世界七宝，持用布施。若有善男子。善女人，发菩萨心者，持于此经，乃至四句偈等，受持读诵，为人演说，其福胜彼。云何为人演说？不取于相。如如不动。何以故？”

“一切有为法，如梦幻泡影，如露亦如电，应作如是观。”

佛说是经已，长老须菩提及诸比丘、比丘尼、优婆塞、优婆夷，一切世间天、人、阿修罗，闻佛所说，皆大欢喜，信受奉行。

《金刚经》宣称一切世间事物空幻不实，如梦幻泡影，实相者则是非相。主张离一切诸相而无所住，即放弃对现实世间的执著或眷恋，以般若慧契证空性。此经弘传甚广，尤为禅宗所重视。

佛教传入中国并广为盛行，其中有两个特点：一是重实行，尤其重视从定发慧的体悟；二是好简易，中国人的习性好简，卷帙浩繁的经论极难普遍流通。《金刚经》既重般若的悟证，卷帙又不多，恰合中国信众的口味，所以能特别地盛行起来。

相对出家修行独坐青灯古佛旁，书录《金刚经》是一件比较简单的事情，而所得功德又无法衡量，所谓"于导师佛陀，虽做微小事，转种种善趣，后获菩提果"（《佛陀种性经》）。古代的文人雅士书录《金刚经》一时成为时尚，在他们看来，书录《金刚经》，既得大智慧，又修大功德，实在是两全其美。当然，在这其中能够成为一件优秀的书法作品而存世的还是不多。

"世间哲理佛言尽"，这是我们常在寺院古刹看到的一句楹联。佛家能在中国落地生根，广为流传，一个重要的因素是其要义与中国的传统文化有许多相通的地方。

《金刚经》提出降伏其心，就是要降伏我们内心中的不安定的烦恼因素。我们要改造世界，获得人生幸福，无疑先要从心下手。拥有健康心境，是建立快乐幸福的根本。心的健康与否，又直接关系到人生的苦乐。所谓"风月无今古，情怀各相异"。从《金刚经》来看，佛法是解决心的问题，从这个意义上看，佛法也不妨称为心性之学了。

明心见性，积功累德，福慧双修，早日圆满，自利利他，这就是佛。

一腔心事托梅花

yi qiang xin shi tuo mei hua

1880年秋（庚辰年），清代中兴名臣彭玉麟以长江巡阅使的身份巡阅长江，登临焦山时留下一首七言绝诗，镌刻于摩崖。全诗如下：

红羊劫火已全销，惟有焦山土不焦。

最好云林看北固，绝佳风景忆南朝。

同时彭玉麟还在焦山画梅一幅，不过这幅图没有立石于现在的碑林内，而是在定慧寺天王殿的后壁上。现在去焦山碑林参观的人，大多不知道它的存在。

在1949年初出版的《京口漫笔》（水青著）中，有这样一段文字："焦山碑碣之多，确是值得称道的，除了瘗鹤铭以外，有郑板桥写的'难得糊涂'四字，成亲王的归去来辞，颜真卿的东方画碑，彭玉麟的画梅……"

彭玉麟（1816—1890年），字雪琴，祖籍湖南衡阳，生于安徽安庆。彭玉麟是清代著名的政治家、军事家、书画家，与曾国藩、左宗棠、胡林翼并称中兴四大名臣。

生于嘉庆二十一年的彭玉麟，直到37岁时还是个闲居乡间的秀才（与左宗棠颇为相似）。咸丰三年（1853年），彭玉麟受团练大臣曾国藩相邀参加湘军，并受命带领一营水师。彭玉麟由此起家，很快便统领整个水师，直到同治三年（1864年），与曾国荃的吉字营配合打下南京，受赏一等轻车都尉世职，加太子少保衔。

在湘军十裁其九的大遣散时期，水师则破例被全军保存，列入朝廷的经制部队，改名为长江水师。

彭玉麟摩崖题诗

彭玉麟画《墨梅》

彭玉麟亲手制定了长江水师章程，并依此重建水师，使之成为晚清政府一支重要的军事力量。由此可见，彭玉麟不仅是湘军水师创建者，还是中国近代海军奠基人。

自水师建立，彭玉麟每年必巡阅长江，焦山当然是他的必经之地。他登高览胜，观赏名碑，留下了足迹，也留下了墨宝。

作为政治家、军事家的彭玉麟，虽官至两江总督兼南洋通商大臣、兵部尚书，但构筑他心灵世界的却是诗画艺术。在公务军事之暇，彭玉麟喜绘画，以画梅名世，近于痴狂。他笔下的梅花老干繁枝，鳞鳞万玉，上不见结顶，下不见根底，主干铁骨挺拔，周身苍皮藓苔，枯眼斑斑；虬枝曲折盘环，枝蕊参差交错；枝间梅花，吐蕊绽放，生机盎然。

彭玉麟画的梅花被称为“兵家梅花”，与文人墨客的梅花相去甚远，特别是他的“墨梅图”更是冠绝，与郑板桥的墨竹齐名，被称为“清代书画二绝”。

彭玉麟一生画了上万幅梅花图，并给每幅梅花图都题上以梅花寄情的咏梅诗。“平生最薄封侯愿，愿与梅花过一生”，“我似梅花梅似我，一癖共聊玉兰宾”，“一生知己是梅花，魂梦相依萼绿华”，彭玉麟已将自身与梅花合为一体。

中国文人画的可贵之处便是借画言志，以笔底丹青来表达自己的性情、意趣、志向和追求。梅花高洁、清幽的品性，孤标脱俗、傲立霜雪的形象，在画家的心目中已化为他的自身。

2008 年，岳麓书社再版了《彭玉麟集》（上中下），收录他的诗词五百多首。其中有一首咏梅诗颇为准确地抒发了彭玉麟心怀天下，以国为家的博大情怀：

太平鼓角静无哗，直北旌霓望眼赊。

无补时艰深愧我，一腔心事托梅花。

淡出仕途的翰林

dan chu shi tu de han lin

淡墨翰林，是中国书坛对王文治的美称。焦山碑林有一方王文治书写的《焦山唱和诗帖》碑刻，让我们真切感受到这位以淡墨著称的清代大书法家。

王文治（1730—1802 年），江苏丹徒（今江苏镇江）人，字禹卿，号梦楼，乾隆二十五年（1760 年）探花，官至翰林院侍读。

王文治的书法极好，乾隆皇帝南巡江南时，在杭州寺庙中见其所书《钱塘僧寺碑》，大赏爱之。由于皇帝的赞赏，王文治的书法声望一下大大提高，广为流传，为士林所宝。他曾随全魁、周煌出使琉球。琉球人素好书法，得知王文治是中国书法名家，纷纷重金求书，视为至宝，十分珍重，一时间王文治在琉球书名风靡。现在，日本很多博物馆都珍藏着王文治的真迹，如东京国立博物馆、京都藤井齐成会有邻馆、冲绳县立博物馆、大分县立博物馆皆珍藏有王文治的墨宝。当时的朝鲜人来华，也专门以饼金购得王文治书法以归，其书法声名远播海外。

学而优则仕。然而，王文治的仕途似乎并不顺畅，翰林院侍读也不是什么有实权的官职，只是一个级别颇高的闲差。后来，王文治官至云南姚安知府。不过，王文治到底是个文人，官场的种种现实，无不给他以强烈的冲击。王文治终于称病解官，乾隆三十三年（1768 年）春，王文治回到故乡丹徒，自此无意仕进，工书法，再不复出，开始了他后半生的自在

王文治诗文碑刻其一

王文治诗文碑刻其二

生涯。那一年他刚三十八岁，若放在现在，他可是个年轻干部。

王文治的后半生除有四次远游外，其余时间，主要来往于镇江、杭州、苏州、南京、扬州等地，与当地文人雅士、地方官员都有较为密切的联系。

王文治一生以书法闻名于世，亦能诗善文，有《梦楼诗集》24 卷存世，收录了他的各体诗 1888 首，内容较为丰富，多为咏人、咏事、抒情、写景之作。但在今天他的诗名不彰，无一本诗集选载。

和许多中国古代著名诗人一样，王文治少壮时的作品多有豪放之气，所谓“少年不识愁滋味，爱上层楼”大概就是这个意思；晚年则趋于平淡，可能是“而今识尽愁滋味，欲说还休”吧。他的诗作工整精炼，雄杰洪亮，“细精入骨，高唱凌云”（袁牧）。但总体上讲，还是缺乏思想性，这同清朝实行严酷的文化专制，使得大多数文人钳口结舌，不敢反映现实有关。

王文治作书，喜用长锋羊毫和青黑色的淡墨，这与他的天然秀逸的书风有表里相成之妙。从传世真迹来分析，王书运笔柔润，墨韵轻淡，行间布白，疏朗空灵，气格风神极其婉美，近于董其昌的书风但更加妩媚，倜傥风流的境界是作伪者难以仿效的，莫怪当时竟有“天下三梁（指梁同书、梁衍、梁国治），不及江南一王”的说法。

中年以后的王文治潜心禅理，对于有关佛经的书法尤其用心关注。他曾收得张即之的写经墨迹，临摹学习，因此其书风与张即之、笪重光一样有用笔扁薄的特点。

王文治的后半生，把精力主要花在了三件事上：书画、戏曲、禅修。他一生都在追求淡出，仕途的淡出、人生的淡出，乃至于书画、诗词的淡出。据说，朝廷曾想恢复他的职务，但王文治还是借故婉拒了，作为那个时代的文人，王文治的得失都有一定代表性。

王文治在镇江金山、焦山都留有楹联，细细品读，颇值得玩味。

题镇江焦山漱石山房：

胜地千秋崇大隐

名山万古仰高贤

题镇江金山楞枷丈室：

窗前沧海凭开眼

台上楞枷可印心

无处不在的大慈大悲

wu chu bu zai de da ci da bei

观音菩萨在中国可谓家喻户晓，妇孺皆知，“家家有弥陀，户户有观音”，这句古今流传的俗语充分说明了中国民众崇敬供奉观世音菩萨的盛况，以及观世音菩萨在中国民间的深远影响。

焦山碑林有四方观音菩萨像石刻，分别镌刻于明清两代，其中有一方是清代镇江地方人士蒋元鼐镌刻。如若你不知道此人，那你一定知道镇江西津渡的“救生会”，这是一个专门从事江上救生活动的民间组织，这个“救生会”就是由蒋元鼐于康熙四十一年（1702 年）发起捐资成立的。看来，蒋元鼐是位具有菩萨心肠的地方士绅。

佛教自传入中国以来，和中国民众结缘最深的莫过于观音，中国民众对她的崇信远在其他佛教神祇之上。直到今天，观音菩萨依然深受广大民众的虔信和膜拜，继续展示其神奇的魅力。其主要原因是观音菩萨有大慈悲、大智慧、大愿力。所谓“千处祈求千处应，苦海常作度人舟”，若众生遇有灾厄困难时，只要至心称念观世音菩萨圣号，菩萨即寻声赴感，无求不应、无苦不拔，因此称为“观世音”。又因菩萨有大智慧，于一切事理悉皆通达无碍，能随类化身，寻声拔苦无所障碍，所以称为观自在菩萨。

围绕观音信仰而出现的宗教文化现象，在中国历史上经过一千八百多年的发展、演变和沉淀，逐渐构成一种特殊形态的文化体系，并形成一种相对稳

蒋元鼐《观音画像》

定的文化结构。这种特殊形态的宗教文化渗透到中国文化的各个方面，并对中国社会其他领域产生重大的影响。对这种宗教文化的结构进行解析，对于理解中国宗教进而理解中国文化都有着重要的意义。

观世音菩萨手执净瓶与杨枝，表示菩萨普救世间的广大悲行。三界火宅，众生心中充满热恼，观世音菩萨能体察众生的苦痛，时以瓶中的甘露水遍洒世间，使在热恼中的一切有情皆获清凉。众生信仰观世音菩萨，即渴求菩萨的甘露水，熄灭内心的热恼。佛教劝诫，观世音菩萨确有令众生热恼变清凉的甘露水（甘露又喻佛法涅槃解脱之道），如时时虔诚的礼念观音，能得菩萨的悲心救护。

其实，生活在现代社会的绝大多数人都明白，这个世界上没有神的存在，什么上天的菩萨、观音，只不过是人的一种虚幻的想象。中国普通老百姓念念有词的“菩萨保佑”，就如同西方人喜说“上帝保佑”一样，就是一个心愿的表达而已。

中国儒家思想的核心内容就是仁爱，它贯穿于我们的政治、教育、伦理、文化主张的诸多方面。孔子认为，仁爱是做人的根本。中国老百姓崇敬供奉观音，也从某个方面说明了中华民族是一个友善的民族。

心存善意，佛在心中，无求不应，无苦不拔。正如一首歌曲上唱的一样，“只要人人都献出一点爱，世界将变成美好的人间”。是啊，人心向善，大慈大悲就无处不在。

心存仁爱，我就是佛。

后记

我是一个生于斯长于斯的镇江人，是一名在镇江文化领域工作了一辈子的文化人，文化系统中各个不同门类的单位和岗位我几乎都工作过，毫不夸张地说，镇江文化已经融入我的血液之中。

焦山碑林是我从小到老去过不知多少次的地方，它的变迁和发展过程，犹如昨日依旧历历在目。也许是某种机缘，二十世纪九十年代初，我曾准备就任焦山碑刻博物馆首任馆长，却阴差阳错，终失之交臂，不过也因此与焦山碑刻博物馆有了一种情感上的联系。

焦山碑林是全国第二大碑林，在海内外都有较大的影响，对它的发掘、研究和解读是文化人的一项重要工作。我一直认为，碑刻的考据和书法的研究仅是一个方面，对于绝大多数参观者来讲，更为重要的是通过读碑了解中华民族的沧桑历史，感受中华民族的灿烂文化，感悟跌宕起伏的人生之旅，探究中国社会发展的必由之路。

退休在家，闲来读书，翻阅史料，掩卷沉思，难免有所感悟。我以为一方碑就是一段历史，一方碑就是一段故事，一方碑

碑林新院

竹园

就是一个鲜活的人物,一方碑就是一种文化现象。每一方碑都会给我们不同的历史感受和人生感悟。故有感而发,而越发不可收,于是我断断续续写下这些文字。

在这本书的出版过程中,得到了镇江焦山碑刻博物馆的大力支持和帮助,为我提供了许多图片资料,大大提升了本书的阅读性和观赏性,在此我特向焦山碑刻博物馆的丁超馆长、曹秉峰副馆长和潘美云主任表示诚挚的谢意。

镇江是一座有着千年历史的文化名城,具有深邃的文化内涵和丰厚的文化资源,有待我们去发掘、研究和传承。作为一名文化工作者,我对镇江文化有着深厚的情感和使命感,我将在这条路上走下去。

“路漫漫其修远兮,吾将上下而求索。”是的,未来的路才刚刚开始。

2015 年 5 月完稿于寓所书房